유네스코 지정

한국의 세계 문화 유산

신광철 저

■ 이 책을 읽기 전에

내 유전인자 속에 흐르는 한국, 한국인의 모습을 찾고 싶었다

지상에 내가 살아있다는 엄연한 현실은 경이롭고 신비하다. 삶은 살아지는 것이 아니라 살아가야 하는 것이기에, 자연스레 '나는 누구인가'라는 물음을 던지며 나의 정체성에 대해, 한국인인 나는 어떤 기질과 어떤 특성이 있는가를 알고 싶었다. 한국의 문화유산은 한국인의 얼굴이기에, 우리의 문화유산을 제대로 이해하면 한국인과 한국, 그리고 한민족의 기질이 무엇인지 알게 된다.

우리의 핏속에 흐르고 있는 유전인자 속에는 세계적으로 인정 받는 문화를 창조하는 폭발력이 담겨 있다. 가장 한국적인 것이 가장 독보적인 것이다. 우리의 문화유산은 한국미와 한국인의 정서를 그대로 빼닮아 아름답다. 한국적인 것은 한국인의 마음결, 몸의 결을 닮았다.

한국미의 절정은 단순미와 자연미에 있다. 단순미는 세상의 혼탁과 어지러움을 겪고 난 후 깨달아 얻게 되는, 간결하나 감동이 큰 아름다움이며, 그런 만큼 질리지 않는 아름다움이다. 한국의 단순미는 전체를 넉넉하게 아우르며 부분을 소박함으로 통합하는 과정에서 무한으로 가는 길을 살짝 훔쳐 볼 수 있게 하는 아름다움이다. 한국미는 모자란 자식을 끌어안고 사는 순박한 여인네의 마음을 닮았다. 투박해 보이지만 자연스럽고 미숙해 보이지만 속마음을 알고 나면 하늘 같은 마음이었구나 하는 큰 아름다움이다.

자연미는 단순미와 만나면 사람이 악수하듯 천연스러워진다. 자연미는 세상의 속됨과 우주의 자연 원리가 만나서 곱살스럽게도 서로의 살점을 나누어준 듯 천진스럽기까지 하다. 그러면서도 한국의 미는 소박함을 어느 면에서나 감추지 못하고 드러내며, 바라볼수록 질리지 않는 오래 묵은 술 같다.

한국의 미 중 으뜸인 단순미는 선에서 나오고, 자연미는 종합에서 보인다. 단순으로 매듭지어진 소박함이 한국의 기본적인 미(美)요, 자연과 인간의 어울림을 만들어낸 것이 또한 한국미의 전형이다.

문화유적을 찾아가는 길은 나를 찾아가는 아름다운 길이었다. 한국의 문화유산에 관심을 가지게 되면서 한국의 산하에 산재된 유적들을 찾아다녔다. 이렇게 젊은 날부터 지금까지 기울여 온 우리 문화에 대한 관심의 결실이 다소 전문적이지 못한 점은 아쉽다. 전공하지 않은 분야였고 스승에게서 배운 바가 아닌 혼자의 힘으로 탐색한 결과이기 때문이다. 일반적인 관점이 아닌 나 자신의 주관적인 견해가 어느 정도 들어가 있을지도 모르지만, 이 또한 우리의 문화유산을 아는 데 도움이 될 것이다. 모쪼록 한국의 세계문화유산을 살펴봄으로써 우리 문화유산의 세계적 가치와 한국미를 이해하고 우리 문화에 대한 자긍심을 가질 수 있기를 바란다.

신 광 철(onul124@naver.com) 씀

차 례

한국의 미를 찾아서 • 7
종묘 • 14
석굴암 · 불국사 • 34
창덕궁 • 60
수원 화성 • 78
고창 · 화순 · 강화 고인돌 유적 • 98
경주 역사지구 • 116
조선 왕릉 • 136
한국의 역사마을 : 하회마을과 양동마을 • 158
해인사 장경판전 • 180

부 록 • 200
금동미륵보살반가사유상 • 202
황금대총금관 • 214
성덕대왕신종 • 227
청자상감운학문매병 • 243
백제금동대향로 • 257

한국의 미를 찾아서

한국미의 원천

한국미는 양 극단을 끌어안아 상생의 미학을 만들어내는 창조적 결정체이다. 남방 문화인 마루와 북방 문화인 온돌을 한 집안에 들여놓고 화합의 장을 마련해 놓은 것처럼 한민족은 양 극단 중 하나를 선택적으로 갖지 않고 둘 다를 품어 안는 문화적인 기질을 가졌다. 그래서 엉성해 보이지만 깊은 철학과 생명의 온기를 느낄 수 있다. 한국의 종소리처럼 맑음만을 고집하지 않고 탁함과 떨림을 종의 소리에 끌어들여 한국종만이 가질 수 있는 위대한 하늘의 소리를 만들어냈듯이 서양적인 사고로 넘볼 수 없는 과학 그 너머의 인간과 자연이 하나가 되는 화합의 세계를 창조해 낸 민족이다.

슬픔의 정조인 '한'의 문화를 가진 우리 민족은 신명나게 꽹과리를 울리는 '흥'의 문화와 통합하고 꿰뚫어 문화 창조의 주역이 되었다. 이처럼 슬픔과 기쁨을 버무려서 하나의 용광로 안에 넣어 새로운 문화를 창조해 내는 민족은 없다. 한국 문화는 언뜻 보면 시시해 보이지만 가만히 내면을 들여다보다 보면 어느새 그 매력에 빠져버린다. 한민족은 과학의 질서를 훨씬 뛰어넘은 문화의 게릴라로 오묘함과 자연에의 친근함에 다가선 선진 문화의 주역들이다. 나는 한옥에 대한 책을 쓰면서 한옥의 아름다움이 어디에서 오는지 알게 되었다. 그 근원은 바로 한민족의 위대한 기질이었다. 한국 문화를 깊이 알게 되면 한민족의 위대함과 더불어 한국 문화가 곧 나의 자화상인 것도 알게 된다.

고유섭은 한국미에 대해 다음과 같이 평하였다.

"허다한 청자와 백자, 이러한 기물은 허무의 세계에서 만들어진 것을 느끼게 한다. 무엇이든 집착된 곳이 없는 마음, 그것은 모든 깨끗한 것, 아름다운 것, 깊은 것이 흘러나오는 근원이지만, 우리의 고려도자도 또한 바로 그러한 마음의 소산이다."

일본의 야나기 무네요시는 한국미를 한마디로 비애미라고 평하였다.

"오랫동안 참혹하고 처참했던 조선의 역사는 그 예술에다 남모르는 쓸쓸함과 슬픔을 아로새기는 것이다. 거기에는 언제나 비애의 미가 있다. 눈물이 넘치는 쓸쓸함이 있다."

이 사람이 더 자세히 한국 문화를 들여다보았다면 극단을 다 포용한 절대미감을 보았을 텐데 슬픔 쪽만을 본 것이다.

한국미를 바라보는 관점은 다양하다. 우리가 할 일은 우리가 아닌 그들이 우리의 문화재를 보다 깊고 폭넓게 이해하는 데 중요한 역할을 해야 한다는 것이다. 우리는 전통적으로 자연과의 합일이라는 관점에서 출발했다. 어쩌면 합일보다도 자연 속에 조화된 모습을 그리려 했고, 과학적인 면에서도 그러한 인식이 늘 깔려 있었음을 발견하게 된다.

불국사는 그야말로 치밀하게 조화와 대칭을 따져 만든 건축물로 과학적인 조형을 구현한 걸작품이다. 불국사의 구석까지 들여다보면 어느 한 공간도 전체 조화와 어긋나게 지은 곳이 없다. 난간이나 탑의 배치에서부터 건물 좌우의 조화미를 철저하게 계산해서 미를 최대한 과학화한 천년의 건물이다. 그럼에도 건물의 하단에 거석을 받침으로 쌓아올린 것을 보면 자연을 받아들이는 인식을 알 수 있다. 자연석을 그대로 두고 자연석의 굴곡에 맞추어 그 위에 올려놓은 돌을 깎아서 쌓았다. 언뜻 전체적인 균형이 깨지는 듯하지만 가만히 바라보고 있으면 아, 진정 이것이 미의 극치로구나 하는 탄식이 절로 나온다.

한국 건축에서는 오래 전부터 그렝이 기법이라는 건축 기법을 사용하였다. 다른 나라에서는 볼 수 없는 자연과의 손잡는 공법을 두루 사용하였다. 심지어 건축물 뒤의 산의 모양에 따라 지붕 양단의 높이가 다르게 보이면 한쪽의 높이를 낮추기까지 하면서 집 전체의 균형은 물론 자연과의 조화에 각별한 관심을 가졌다.

중국의 궁이나 그리스 신전처럼 웅대함과 자연에 우뚝 선 모습에서 마음이 평온함을 느끼기보다는 자연에 도전하려는 인간의 왜곡을 느낀다. 중국 건축물의 지붕선을 보면 하단으로 내려오다 마지막 부분에서 과장되게 쳐들어 안정된 모습이 보이지 않는다. 이를 통해 지배와 권위를 내세우려는 그들의 성격을 엿볼 수 있다. 그리고 평지에 거대한 구조물을 만들거나 인공 호수를 조성해 인위의 과다를 보이려 한다. 또한 그리스의 신전처럼 온몸을 드러내어 자연을 누르고 우뚝 세워 인간의 우위를 보이려 한다.

반면 우리의 건축물과 도예 작품 같은 것을 보면 온혈 동물의 체온을 가진 듯 따뜻하고, 자연과 언제나 함께 있다. 일반적으로 궁을 지을 때 산은 자르고 늪지대는 메워서 평탄 작업을 한 다음 같은 높이로 궁을 만든다. 그러나 우리의 궁은 다르다. 권위를 상징하는 건물인 궁전이지만 창덕궁을 보면 낮은 산과 구릉을 그대로 유지하면서 지형에 맞게 건물을 지어 자연의 한 부분으로서 전체적인 조화를 이룬다. 이러한 면은 산사에서 확연히 드러난다. 산이 감싸고 고운 햇살을 받으면 금세 아늑해지는 곳에 산사는 자리잡고 있다. 산에 절이 없으면 도리어 허전할 것 같은 느낌을 받는다. 자연의 한 부분으로 아름답다. 한국의 건축물은 산에 기대고 언덕에 잠시 몸을 쉬는 듯한 곳에 자리를 잡고 있다.

문화재는 조상들이 남긴 유산으로서 삶의 지혜가 담겨 있고 우리가 살아온 역사를 보여준다. 우리 조상들의 슬기에 의하여 창조된 문화 가치가 있는 사물로서 우리나라의 역사상·학술상·예술상 길이 보존해야 할 민족 전체의 재산인 동시에 인류 공영의 문화유산을 말한다.

나는 금동미륵반가사유상을 좋아했다. 이 작품은 진정 한국미의 으뜸이면서 동양의 미를 대변하고 있는 걸작이다. 손가락을 오므려 쥐지도 않았고 모두 펴서 허전하게 하지도 않은 자연스러운 손, 석가가 그랬듯 세상의 아픔을 맨발로 체험하고 나서 얻은 깨달음이 묻어 있는 얼굴, 평온하되 침묵하지 않은 얼굴, 웃고 있되 깊은 생각에 젖어 있는 표정, 고뇌가 담긴 웃음과 깨달음에 도달하려는 표정을 동시에 표현할 수 있을까. 생각에 잠겨 있으면서 아직 활짝 꽃을 피우기 직전의 젊은 부처가 세계에서 가장 아름답고 깊은 웃음을 짓고 있는 모습은 가히 일품이다.

미륵보살상은 일본과 우리나라에 존재하는데, 하나는 일본의 국보로서 일본 교토의 광륭사에 자리잡았고, 다른 하나는 우리나라의 국보로서 서울의 박물관에 있다. 나무로 만들어진 광륭사의 미륵보살상이나 한국에 있는 미륵보살상이나 어떤 재료로 만들어졌든 매우 유사하기도 하고 같은 정신이 흐르는 것으로 보아 한 사람의 작품이거나 한 마음을 가진, 같은 피를 공유한 사람의 작품임을 알 수 있다.

우리의 것은 금동미륵불이고 광륭사의 것은 목불이다. 나무나 금동으로 만든 품이 아주 비슷하기 때문에 같은 피를 가진 사람의 작품임이 확실하다. 금동을 만들려면 먼저 목불이 필요했을 것이다. 금동을 주조하려면 당연히 나무로 만든 것이 필요했기 때문이다. 그리고 일본의 목불의 재료는 일본에서는 나지 않는 것임이 밝혀졌다. 명상하고 있는 '청년 미륵'을 보여주는 국립중앙박물관의 금동미륵보살반가사유상을 볼 때마다 가슴이 더워진다.

세계가 인정한 한국 문화유산

유네스코는 이러한 인류 보편적 가치를 지닌 자연유산 및 문화유산들을 발굴 및 보호, 보존하고자 1972년 세계 문화 및 자연유산 보호 협약(Convention concerning the Protection of the World Cultural and Natural Heritage), 약칭 '세계유산협약 (WHC)'을 채택하였다. 유네스코에서 정한 세계유산은 이렇다. 세계유산이란 세계유산협약이 규정한 탁월한 보편적 가치를 지닌 유산으로서 그 특성에 따라 자연유산, 문화유산, 복합유산으로 분류한다. 어떤 유산이 세계유산으로 등재되기 위해서는 한 나라에 머물지 않고 탁월한 보편적 가치가 있어야 한다.

세계유산 운영 지침은 유산의 탁월한 가치를 평가하기 위한 기준으로 10가지 가치 평가 기준을 제시하고 있다. 기준 Ⅰ부터 Ⅵ까지는 문화유산에 해당되며, Ⅶ부터 Ⅹ까지는 자연유산에 해당된다. 이러한 가치 평가 기준 이외에도 문화유산은 기본적으로 재질이나 기법 등에서 진정성을 보유하고 있어야 한다.

또한, 문화유산과 자연유산 모두 유산의 가치를 보여줄 수 있는 제반 요소를 포함해야 하며, 법적, 제도적 관리 정책이 수립되어 있어야 세계유산으로 등재할 수 있다. 국제 전략의 목표는 기존의 제한된 유산 개념을 넘어서, 자연과 인간의 공존, 서로 다른 문명 간의 조화와 교류, 인류의 창의성이 담긴 유산들의 가치를 좀 더 폭넓게 인정하려는 것이었다. 세계문화유산 등재기준을 정리하면 아래와 같다.

Ⅰ 인간의 창의성으로 빚어진 걸작을 대표할 것
Ⅱ 오랜 세월에 걸쳐 또는 세계의 일정 문화권 내에서 건축이나 기술 발전, 기념물 제작, 도시 계획이나 조경 디자인에 있어 인간 가치의 중요한 교환을 반영
Ⅲ 현존하거나 이미 사라진 문화적 전통이나 문명의 독보적 또는 적어도 특출한 증거일 것
Ⅳ 인류 역사에 있어 중요 단계를 예증하는 건물, 건축이나 기술의 총체, 경관 유형의 대표적 사례일 것
Ⅴ 특히 번복할 수 없는 변화의 영향으로 취약해졌을 때 환경이나 인간의 상호 작용이나 문화를 대변하는 전통적 정주지나 육지·바다의 사용을 예증하는 대표 사례

Ⅵ 사건이나 실존하는 전통, 사상이나 신조, 보편적 중요성이 탁월한 예술 및 문학 작품과 직접 또는 가시적으로 연관될 것

　유네스코가 지정한 한국의 세계유산을 살펴보며, 세계적으로 인정받는 우리 문화유산의 가치를 알리고 그에 대한 이해와 긍지를 높이고자 했다. 세계문화유산, 세계기록유산, 세계무형유산 등 각 문화유산별로 나누어 한국미의 절정과 우수함을 보이려 먼저 한국의 세계문화유산에 대하여 진행했다. 세계 속에 한국, 한국 속에 세계적인 문화유산이 있음을 긍지로 느낀다. 우리 곁에 있어 중요함을 모르고 지나쳤던 것이 진정 세계적인 뛰어난 문화재였으며 너무 자주 접해 희귀성에 눈뜨지 못했던 것들을 찾아 한국문화유산의 성과를 적었다.

　현재 세계문화유산은 151개국에 911건이 등재되어 있다. 우리나라의 경우 북한의 고구려 고분군까지 더하면 11개를 보유하고 있어 문화 강국 대열에 진입했다는 평이다. 실제 두 자릿수 이상의 세계유산을 보유한 나라는 전 세계에 24개국에 불과하다. 우리 민족은 작은 국토에 많은 세계문화유산을 가진 민족이다. 우리나라가 세계적인 장인들을 배출한 것은 우리 민족의 어떤 기질에서 연유한 것인가에도 관심을 가지고 찾아보려 노력했다. 우리 민족성은 무엇을 추구하고 가슴에 무엇을 담고 있는가에 관심을 가졌다.

　이 책의 본문은 유네스코에 등재된 한국의 세계문화유산에 대한 내용을 다루었고 부록에는 유네스코에 등재되지 않았으나 세계적으로 뛰어난 문화유산을 선정하여 소개하였다.

종묘 宗廟

단순성을 기반으로 엄숙에 이른 시간의 완성품, 종묘 정전

한국 건축 미학에서 최고의 단순성으로 엄숙함에 이른 위엄 있는 건축물이 종묘이다. 단순함으로 미의 정점을 이룰 수 있음은 고도로 뛰어난 건축술과 세상을 읽어내는 담대한 가슴을 지닌 장인이 자연을 몸과 마음에 체화될 때에 가능하다. 단순하되 엄숙함까지 갖추려면 더욱 높은 경지의 건축술과 세상을 꿰뚫어 볼 수 있는 안목이 있어야 한다.

종묘는 장인의 역량과 마음이 빚어낸 위대한 건축으로 한 사람의 손에 의하여 완성된 작품이 아니다. 종묘의 특별함은 여기에서 다시 출발한다. 또한 시간의 경과를 온몸으로 받아낸 건축물이어서 신비하다. 오백년 동안 존속해 온 종묘의 정전은 증축을 통하여 완성되었다. 그럼에도 하나의 완

종묘 영녕전 한국 목조 건축의 대담함과 단순미를 볼 수 있다. 같은 모양을 반복하여 오히려 긴장감을 이끌어내며 그 긴장감은 엄숙함으로 맺어진다.

성품으로서 더욱 빛나는 작품으로 탄생했다. 장인이 바뀌고 건축 기술과 공법이 오백년 동안 지속되면서 완성으로의 길에 접어들었다. 한국인의 심성과 기질, 정신세계가 담겨 있는 건축물이다.

지상의 모든 건축물은 인공성에 의하여 완성되고 인공성의 주축은 종축에 기대고 있지만 종묘는 수평적 기반 위에 지어진 건축물이다. 수평의 연장이 주는 안온함과 깊은 평화를 보여준다. 극도로 인위를 자제하고 자연을 받아들이는 품새가 넉넉하고 품위가 있다. 목조로 지은 집은 동북아시아의 전통적 특성의 맥락 안에 있다. 단일 건물로는 동양에서 가장 큰 목조 건축물이다. 차가운 느낌의 돌보다는 따뜻한 정감을 가진 목재를 선호했다. 종묘는 평온과 엄숙 그리고 적막에 어울리는 건축물로 한국 건축에서도 드문 현상이다.

우리 건축물의 지붕은 우진각, 팔작, 맞배지붕으로 나눌 수 있다. 이중에서 맞배지붕은 궁궐이나 사찰 같은 위엄을 가진 건축물에서는 사용하지 않는 지붕 양식이다.

종묘는 가장 높은 경지의 품위와 위엄을 갖추어야 하는 건물이지만 맞배지붕으로 처리했다. 맞배지붕은 지붕의 양면을 맞댄 아주 기본적인 양식으로 간단하고 단순한 구조로 이루어져 있다.

조선의 역대 왕들의 위패를 모신 지엄한 공간이기에 오히려 단순함으로 고도의 위엄과 품격을 갖추도록 했다. 이것이 한국 건축의 미적 관심이고 깊이이다. 한국의 미는 자연과의 친화에 많은 관심을 가지고 있다. 한국의 미 중에서 가장 특별한 점이 바로 자연과의 교감이라고 할 수 있다.

왕의 죽음과 평민의 죽음이 다르지 않지만 왕의 신위가 모셔진 종묘는 신비로운 정적이 깊다. 수평으로 확장해 간 건축물의 안정성과 확대된 공간의 월대가 빚어내는 벌판의 상징이 어우러지면서 기막힌 정적을 창조해 내는 공간이 종묘이다. 인위 위에 자연을 품으려는 노력이 곳곳에 보인다. 수평선을 연상할 만큼 긴 지붕과 되풀이되는 위패를 모신 방 그리고 기둥의 가지런함에서 숙연해지는 느낌이 나며, 단순의 반복이 오히려 사람을 긴장하게 하고 있다.

조선의 태조는 1392년 7월 17일, 고려의 개성 수창궁에서 등극하며 새로운 왕조를 열었다. 개성은 고려 왕씨의 터였다. 태조는 고려의 흔적을 지우고 싶었다. 고려를 무너뜨리고 세운 조선은 고려의 종묘를 부수고 그 위에 조선 왕조의 종묘를 지었다. 한 왕조가 몰락하고 다른 왕조가 들어섰을 때 가장 먼저 손을 대는 것이 정통성 확립이다. 정통성 확립을 위한 조치로 불교에서 유교로 정체성을 바꾸고, 왕씨의 부정을 위하여 고려의 정신적인 장소를 없앴다. 그리고 개성에서 한양으로의 천도가 이씨 왕조의 주요 과제였다.

조선의 한양 천도 정책으로 개성을 버리고 지금의 서울로 옮기면서 새로 지은 건물이 종묘이다. 종묘는 조선이 두 번째로 신위를 모시기 위하여 지은 건물이다.

종묘 정전을 비롯하여 별묘인 영녕전과 전사청, 재실, 향대청 및 공신당, 칠사당 등의 건물이 있다. 정전은 처음에 태실 7칸, 좌우에 딸린 방이 2칸이었으나 선조 25년, 1592년 임진왜란 때 불타버려 광해군 즉위년, 1608년에 다시 고쳐 짓고, 그 후 영조 헌종 때 증축하여 현재 태실 19칸으로 되어 있다.

종묘 정전 신위 종묘의 건축에는 현판이 붙어 있지 않고 단청도 없다. 하지만 정전의 신위가 모셔진 곳에는 단청이 있다.

영녕전은 세종 3년, 1421년에 창건하여 처음에는 태실 4칸, 동서에 곁방 각 1칸씩으로 6칸의 규모였는데, 임진왜란 때 불타버려 광해군 즉위년에 10칸의 규모로 지었으며 그 후 계속 증축하여 현재 16칸으로 되어 있다.

현재 정전에는 19실에 49위, 영녕전에는 16실에 34위의 신위가 모셔져 있고, 정전 뜰앞에 있는 공신당에는 조선 시대 공신 83위가 모셔져 있다. 시간과 공간의 확대가 고스란히 담겨 있는 아주 특별한 건물이다. 다른 어느 곳에서도 볼 수 없는 종묘만의 특징이다.

서울의 종묘 건축은 크게 네 개의 건물군으로 이루어졌다. 그것은 정전 일곽, 영녕전 일곽, 어숙실 일곽, 그리고 향대청 일곽이다. 정전과 영녕전 일곽은 임금의 신위를 모신 종묘의 중심 건물군이다. 어숙실 일곽은 제례 때에 임금이 머무르며 재계齋戒하던 용도의 건물군이다. 마지막으로 향대청 일곽은 일종의 부속 건물로 제례 용품을 보관하던 건물군이다. 이러한 구성은 태종과 세종 때에 완성된 종묘의 기본 틀로서, 현재까지도 계속 유지하여 온 것이다.

종묘에서 종宗은 마루, 으뜸, 근본을 뜻하고, 묘廟는 위패를 모신 사당을 의미한다. 즉 종묘는 왕조의 역대 임금과 비, 그리고 실제로는 왕의 역할을 하지 못했으나 추존된 임금과 비의 신위를 모시고 제사를 지내는 용도의 건물이다. 추존되어 종묘에 모셔진 왕의 신위로는 당시에는 세조에 의하여 노산군으로 폐위되었던 비운의 어린 왕 단종도 있다. 조선왕조의 시조인 태조 이성계의 4대 조상의 위패도 있다. 그러나 왕 중에서 연산군과 광해군은 폐위된 채로 종묘에 모셔지지 않았다. 태조·세종 같은 왕의 이름은 왕이 살아있을 때 부르던 이름이 아니라 죽은 후에 붙여진 이름으로 묘호廟號라고 한다. 왕이 죽으면 생전의 공덕을 기려서 묘호를 올리는데, 묘호를 붙이는 원칙은 다음과 같다.

'공이 있으면 조, 덕이 있으면 종 有功曰祖 有德曰宗'
'새롭게 일어나면 조, 계승하면 종 入承曰祖 繼承曰宗'

다시 말해 나라를 세운 왕과 비견될 만한 업적이 있거나 풍전등화의 위기에서 나라를 구한 공이 있다면 조祖를, 나라를 다스린 것에 덕德이 우세하거나 선왕의 뜻을 잘 계승해 종묘사직을 지킨 왕은 종宗을 사용한다. 이에 따라 개국 시조와 시조의 선조에게만 조를 사용하고 뒤를 이은 군주들은 종을 사용하는 것이 일반적이나 여러 정치적인 이유로 다른 왕에게도 조를 사용하는 경우가 많다. 세조, 선조, 인조, 영조, 정조, 순조 등이 있었던 것이 대표적인 예이다. 폐위된 임금은 군君을 올렸다. 연산군과 광해군의 신위는 왕에서 쫓겨나 종묘에 없다. 그리고 종묘에 신위를 모실 지의 여부 및 정전, 영녕전 중 어느 곳에 모실 지의 여부까지도 후대의 평가에 의하여 엄격하게 구별되었다. 산 자들의 나라에서 죽은 자는 산 자의 의하여 평가되고 재단된다.

왕과 왕비의 신위 외에 공신전에는 공신들의 위패가 모셔져 있다. 공신은 나라와 왕실을 위하여 공을 세운 사람이다. 나라와 왕실은 거의 동일시되어 왔다. 충忠은 여기에서 출발한다. 충忠은 중심中心된 마음을 뜻한다. 외부의 힘에 흔들리지 않는 마음 한가운데를 가로지르는 진정한 마음을 뜻하던 유교의 효가 충의 자리를 파고들기 시작했다. 결국 충은 유교 국가에서 한 왕, 즉 한 왕조만을 섬기는 것으로 변질되어 갔다. 진정한 주인은 백성이었음에도 백성은 밀려나고 왕과 한 운명을 탄 공신들의 나라가 되었다. 조선을 이끈 대표적인 인물들의 집합인 종묘에서는 왕과 충신이 한 공간에서 만난다. 종묘의 아름다움과 위대함은 왕조와 공신들의 가문에 의해서 빛나기보다 건축술과 의례의 지속성에 있다.

세계적으로 유례가 드문 건축 양식

종묘의 정문을 외대문外大門이라고 한다. '창엽문蒼葉門'의 뜻은 조선왕조가 길이 푸르게 번창하기를 기원하는 뜻에서 중신 정도전이 썼다고 알려져 있는데 전하는 일화가 흥미롭다.

'창蒼'은 20++과 8八과 임금君의 합자이고, '엽葉' 또한 20++과 8八과 세世로 되어 있으니, 28세에 걸친 28군이 나온다는 뜻이 된다. 놀랍게도 종묘 안에 모셔진 28위의 군왕과 일치한다. '창엽蒼葉'의 획수는 27이고, 창과 엽을 파자하면 28왕이 되는 절묘함이 만들어낸 일화일 테지만 신기하게도 일치한다. 창의문이 주는 예언대로 왕은 27대로 끝나지만 황태자였던 영친왕이 있으니 28명의 왕으로 조선왕조는 끝난다는 이야기이다.

종묘로 들어서면 삼도가 나온다. 세 개의 길이 나란히 이어져 있는데 가운데 부분은 약간 높다. 신위를 모신 종묘답게 가운데는 종묘에 모셔진 신위의 주인공인 신의 길이고, 동쪽은 왕이, 서쪽은 세자가 걷는 길이다. 삼도는 정전으로 이어진다. 종묘에서 가장 빛나는 건물은 정전이다. 주전인 정전은 건평이 1,270제곱미터로서 동시대의 단일 목조 건축물로는 세계에서도 그 규모가 가장 큰 것으로 추정된다.

종묘는 궁전이나 불사의 건축이 화려하고 장식적인데 반하여 유교의 검소한 기품에 따라 건립된 특수 목적용 건축물이다. 종묘는 한국의 일반 건축물과 같이 개별적으로 비대칭 구조를 하고 있지만 전체적으로 대칭을 이루고 있다. 의례 공간의 위계질서를 반영하여 정전과 영녕전의 기단과 처마, 지붕의 높이, 기둥의 굵기를 그 위계에 따라 달리하였다.

종묘에서 가장 중심이 되는 건축물은 정전이다. 정전은 두 개의 건축물이 만나 상생과 화합을 이루어낸다. 만나는 방법은 단순함과 연장에 있다. 정전은 수평선을 연상시킬 만큼 길게 이어진 건물의 지붕선이 우선 눈을 끈다. 목조로 지어진 건축물인 정전은 단조로움의 반복을 통해 영원성을 지닌 신전으로 만들었다. 정전에는 화려한 단청이나 현판마저 걸려 있지 않다. 단순함의 절제를 보여주고 있다. 신비성에 이르게 하는 한 요소이다. 정전 건물과 또 하나의 큰 축을 이루는 것은 월대이다. 정전 건물을 받쳐주는 월대는 수평의 확대를 주도하고 있다. 정전 건물의 수평 연장과 월대의 수평 확장이 만나서 엄숙하고 깊은 정적을 이끌어내고 있다. 고도로 절제된 엄숙함은 종묘 정전의 아름다움과 신비성이 발원하는 두 축인 수평의 연장과 확대에서 찾을 수 있다. 보다 자세히 정전과 월대를 들여다보면 목재의 표면은 울긋불긋한 단청을 칠하지 않고 붉은색 칠로만 마감하고 마무리 부분은 녹색으로 칠했다. 색깔의 사용을 극도로 절제하고 있다. 이렇게 신실 한 칸 한 칸은 모든 부분이 단순함과 절제로 구성되어 있다. 엄숙함이 발원하는 출발점이다. 정전 전체의 신실이 19칸으로 길게 연속되면서 종묘 정전의 전체 건축 형태가 만들어졌다.

지붕은 길게 늘어 서 있어 연속성이 더욱 강화되고, 지붕을 덮은 수키와와 암키와의 세로로 된 골이 끝없이 길게 옆으로 이어지며 지붕 꼭대기 용마루의 하얀색 회칠을 한 흰 선과 수평의 지속을 소곤대는 듯하다. 또한 정전 건물은 잇대어서 지어진 건물로 19칸이 옆으로 수평을 이루며 연장되고 있다. 기둥과 함께 한없이 이어지는 공간의 연장과 시간의 연속성이 느껴지도록 배치했다. 이토록 오랜 기간을 거쳐 완성된 건축물은 세계적으로 드물다. 종묘만이 가진 특별함이다.

정전 앞의 돌계단과 그 일대를 월대라고 하는데 2층으로 구성되어 있다. 아래 하월대는 정전 울타리 안을 가득 채우고 있다. 그 크기가 동서가 109미터, 남북이 69미터로 우리나라 건물의 월대 중 가장 크다. 월대 바닥은 박석으로 처리되어 있다. 박석은 얇고 넓적하게 뜬 돌로 면이 거칠다.

종묘 공신전 종묘는 사직보다 우선시되고 건물은 정남향이 아닌 남서향으로 위치를 잡았다. 왕과 신하가 함께 만나는 공간으로, 83명의 공신 위패가 모셔져 있다.

종묘 정전 기둥 종묘 건축의 특징은 단순하게 빚어낸 장엄함이다.

우리나라 건축의 특징적인 면을 여기에서 확인할 수 있다. 인공적인 건축물임에도 어느 한 곳은 인공적인 면을 배제한 자연을 끌어들이는 면이다. 박석도 마찬가지이다. 깔끔하고 정밀하게 다듬은 돌을 쓸 수 있지만 자연석인 박석을 놓은 것은 우리 조상들의 정신에서 찾아볼 수 있다. 극도로 절제되고 완벽을 기해야 하는 왕조의 위패를 모신 곳이지만 자연석인 박석을 깔아 더욱 더 큰 세상과 만나게 하는 특이성을 보여주고 있다.

이것은 종묘뿐만이 아니라 우리나라 건축의 일반적 특성이 되었다. 다른 나라에서는 좀처럼 찾아볼 수 없는 우리만의 독특함이다. 인위와 자연의 만남을 주선하는 징검다리 역할을 하는 우리만의 천연성이다. 박석은 한 변을 약 45센티미터 정도로 거칠게 다듬어 월대 전면을 깔았다. 울퉁불퉁한 박석의 자연스러운 모습이 잘 다듬어진 건축물과 만나 더욱 건물을 빛나게 한다. 다시 말하지만 정전이 빛나는 건축물이도록 하는 것은 수평선을 상징하는 긴 건축물과 들판을 상징하는 넓은 월대가 만나 환상의 밀월을 하게 한 구성에 있다.

하월대 북쪽으로는 상월대가 한 단 높게 마련되어 있는데 역시 박석이 전체 바닥을 덮고 있다. 상월대와 하월대에는 각기 정면 세 군데에 계단이 설치되어 있다. 가운데 계단은 월대 중앙에 남북으로 나 있는 신로와 통하는 것으로 사람이 오르내릴 수 없고 혼백만이 오르내릴 수 있다. 신의 길이다. 종묘 정전의 중앙에 나 있는 문을 통하여 월대를 반으로 가른 길은 건물의 중심을 향하여 가로 질러 나 있다. 왕도 이곳은 걸을 수 없다. 왕의 문은 이곳에서는 예외적으로 옆에서 들어오게 되어 있다. 종묘에서는 왕도 아랫사람이다.

선조를 위하여 제사를 지내는 곳에서 왕은 전왕들의 후손일 뿐이다. 정전 다음으로 영녕전이 주요 건물이다. 영녕전은 정전의 서북쪽에 자리잡고 있다. 영녕전을 짓게 된 동기는 시간이 흐르고 죽은 왕의 수가 늘어남에 따라 건물을 늘리거나 새로 지어야 할 필요 때문이었다. 정전보다는 위계와 크기에 있어 떨어지지만 영녕전이 가진 독특함은 그대로 살아 있다. 종묘는 제왕을 기리는 유교 사당의 표본으로서 16세기 이래로 원형이 보존되고 있으며, 세계적으로 독특한 건축 양식을 지닌 의례 공간이다. 종묘에서는 의례와 음악과 무용이 잘 조화된 전통 의식과 행사가 이어지고 있다.

등록 기준으로는 세계문화유산기준 Ⅲ으로 독특하거나 지극히 희귀하거나 혹은 아주 오래된 유산 중에 든다. 세계가 인정한 독특한 문화의 한 양식으로 건축물과 함께 의례가 인정받은 것이다.

신들의 영역인 종묘는 엄숙과 지엄이 공존하지만 정전과 영녕전 밖은 자연림이 그대로 보존되어 있다. 500여 년을 손 타지 않은 나무들이 자라고 있다. 나무와 풀이 공존하고 있는 종묘의 숲은 깊다. 한국의 나무인 소나무와 정승을 나게 한다는 회화나무와 같은 큰 나무들과 함께 작은 나무들도 함께 자리하고 있다. 잎 4장을 사방으로 마주보며 돌려난 것이 인상적인 꼭두서니, 잎 끝이 톱으로 양쪽을 '툭' 자른 것처럼, 잘 자라다가 갑자기 수직선을 그으며 꽁지만 남기는 난티잎개암나무, 열매를 빻아서 물에 풀면 물고기들이 떼로 기절하여 떠오른다 하여 떼죽나무, 초록색 구슬 같은 열매의 말채나무, 여름에 선녀 부채 모양 같은 열매가 달리는 미선나무, 봄에 노란 꽃을 피우고, 빨간 열매를 맺는데 잎맥이 선명한 짙푸른 잎사귀가 맑은 산수유나무, 흰빛의 근육 같은 울퉁불퉁한 무늬가 우람한 남성미를 발산시키는 서어나무와 풀들이 있다. 사람과 신들의 영역인 건물 안의 풍경과는 다르게 식물들의 나라를 잘 이끌어가고 있다. 이외에도 우람한 모습을 가진 왕버들과 편백나무, 작살나무 등이 있다. 죽을 때까지 하늘로의 상승을 고집하는 나무들의 속성이 그늘을 만들고 숲을 만들었다. 나무는 스스로 하늘에 길을 낸다. 지상에 길을 내는 사람과 달리 하늘에 길을 내어 천국 가는 길을 안내하고 있다. 아름다운 길이다. 떨어지면 추락하고 마는 허공의 길에 푸른 잎을 기르고 꽃을 피운다. 나무가 아름다운 것은 천국의 마음을 닮아서이다. 산만큼은 하늘에 가까워지는 그 기쁨으로 나무는 서 있다.

종묘는 조선 시대의 전통 건물로서 신전 건축이다. 신전 건축임에도 건축의 보편적 가치를 지니고 있어 심성의 접근성이 용이하다. 이것은 서양의 건축물에서처럼 고딕이나 돔 같은 양식을 교회 건축에 도입하여 인간에 비해 신성을 유난히 강조한 것에 비하면 종묘는 그러한 두드러진 강조를 하지 않고 도리어 단순성을 극대화하여 엄숙을 나타나게 했기 때문이다.

한 사람의 노력으로 이루어진 건물이 아니라 세월이 흘러가 이 세상과 이별한 사람들이 늘어남에 따라 증축을 한 세월이 만들어준 건물이라는 데에 남다른 의미가 또한 있다. 종묘의 뛰어난 건축적 가치는 동양의 신관을 이해하는 척도가 되기도 한다. 서양에 파르테논 신전이 있다면 동양의 신전으로 종묘가 있다.

단청과 현판이 없는 건물

종묘 건축물의 특징은 입구에서부터 만나게 된다. 종묘의 정문에는 현판이 없다. 왕과 왕비의 신위를 모신 지엄한 장소임에도 위계가 높은 건물에만 적용하는 단청도 없다. 안으로 들어가 만나는 건물들도 모두 입구에 현판이 없다. 이름 없는 문과 건물들로 이루어진 무명의 건축물이 자리하고 있는 곳이 종묘이다. 입구에 들어서면 바로 만나는 연못은 일반적인 왕궁의 연못과 다른 점이 있었다. 사각형의 연못에 원형의 정원이 가운데 자리 잡고 있는 형태는 마찬가지지만 궁에서는 정원에 소나무나 대나무, 백일홍을 심는데 이곳은 향나무를 심었다. 조상에게 향을 올린다는 뜻을 담고 있는 것이다.

그리고 건물은 홑처마에 단청을 올리지 않았다. 단순미와 정숙미를 함께 가지게 하기 위해서였다. 지붕의 무게를 나누어 받게 하기 위한 공포도 단심포로 처리했다. 모든 행위의 방향은 동쪽에서 서쪽으로 진행하도록 되어 있었다. 해가 떠서 지는 자연의 원리를 그대로 받아들이고 있음을 볼 수 있었다.

경건한 곳이기 때문에 건물을 지을 때 신중하고 겸손한 자세를 갖췄다. 종묘 정문을 들어서면 세 갈래로 나뉜 돌길이 있는데 길은 정전으로 이어진다. 길은 거친 돌로 만들어졌다. 거친 돌을 이용한 것은 조심해서 걸으라는 의미와 조상의 혼령을 만나러 가는 길이니 경건한 마음으로 밑을 살피며 걸으라는 의미가 있다. 길은 수십 미터 가다가 오른쪽으로 꺾인다. 다른 나라의 경우 일직선상에 정전을 짓지만 우리의 경우는 그렇지 않다. 절의 대웅전도 한번에 보이지 않고 한참을 둘러서 가야만 보이는 것과 같은 이치이다. 직선을 고집하지 않고 한 번 굽어 돌아간 길을 따라 정전으로 들어가게 되어 있다. 극히 한국적인 방법이다. 자연에 종속되는 것이 아니라 자연과의 친화를 배려한 것이다. 가장 높은 위계를 가진 종묘의 건축물들은 극히 소박한 모습으로 서 있다. 왕이 받들어 제사를 지내는 성스러운 곳의 건물들이 작고 조촐한 모습이다. 사람이 죽었을 때 거칠고 흰 소복을 입은 것과 비슷하다. 축제의 장소가 아니라 죽은 자들과 만나는 가라앉은 분위기가 종묘의 분위기이다.

종묘에는 작은 건물로 외진 곳에 자리한 공민왕의 신당이 있다. 조선 이씨들의 신주를 모시는 곳에 공민왕은 어울리지 않는다. 조선을 세우기 전에 고려의 신하였던 이씨들의 종묘에 고려의 왕인 공민왕의 신당이 있는 것은 어찌 설명할 도리가 없다. 조선을 세운 이성계와 그의 아들 세조 이방원은 왕씨들의 씨를 없애려 했다. 우리나라의 어느 역대 왕조도 전 왕조의 씨를 말리려 한 적은 없다. 삼국을 통일한 신라도 신라를 무너뜨린 고려도 전 왕조에게 후하게 대했다. 하지만 고려를 무너뜨린 조선의 이성계와 이방원은 달랐다. 인구도 얼마 되지 않던 당대에 무려 10만 명 정도의 왕씨들을 죽였다. 상상을 초월하는 살육이 집행되었다. 강화도로 가서 살도록 하겠다며 배에 태워서는 서해 바다에 수장시켜 버렸다. 왕씨들은 살아남기 위하여 성을 바꾸고 평민으로 살아갔다. 왕씨는 전全, 전田, 옥玉, 앙玉자에 획을 하나, 또는 둘 붙여 성을 바꾸었다. 왕씨였지만 박朴씨 성으로 바꾸어 살기까지 했다. 그러한 이씨 왕조가 자신들의 성역에 왕씨인 고려왕에게 신당을 마련해 준 사연은 무엇일까?

원나라에 항복하고 고려의 왕들은 몽골에 충성을 한다는 의미로 충忠을 왕호에 넣어야 했고 몽골의 공주를 아내로 맞아야 했다. 공민왕은 몽골의 노국공주를 왕비로 맞았지만 이름을 공민왕으로 짓고 몽골로부터의 간섭을 배제한 채 자주 노선을 택했다. 몽골이 허약해진 틈을 노려 몽골식 복장인 호복과 변발 등 몽골족들의 제도와 쌍성총관부를 과감히 폐지시켜 확실한 독립 국가로 만들었다.

이성계는 한낱 시골 변방의 호족 출신으로 공민왕이 장군으로 발탁 기용하지 않았으면 그는 역사적인 인물이 될 수 없었다. 이성계의 부친 이자춘은 쌍성총관부 고토 회복 전투로 공을 세워 함경도 지역 천호에서 만호의 병마사가 되었다. 항몽 운동에 공민왕과 이성계는 같은 배를 탔다. 아버지 이자춘의 힘을 얻어 동북면 원수에 임명된 이성계가 동녕부에서 고려를 넘보는 몽골군을 섬멸해 대승을 거두고 막강한 실력자로 부상한 결과, 공민왕의 사랑을 받았다. 이성계는 공민왕이 아니었으면 본인이나 가문의 영달을 얻을 수 없었다. 공민왕을 통해서 벼슬을 얻고 전공을 세워 인정을 받은 사람이 주군에게 거꾸로 칼을 들이댄 인물이 이성계이다. 이성계는 공민왕에게 배반을 한 사람이다. 인간적인 미안함이 자리 잡고 있었을 것이다. 공민왕은 고려의 실질적인 마지막 왕이다. 이성계는 공민왕의 신하였다. 공민왕에 대한 사랑과 미움이 함께 하는 것은 어쩔 수 없는 일이다. 조선을 막 세운 사람으로서 안정을 찾기 위한 무마용이었을 가능성이 크다. 하지만 이성계의 지시로 조선 왕들이 주인인 종묘에 한 자리를 차지한 공민왕 신당은 종묘의 운명과 함께 600여 년을 서 있다.

아담한 셋방을 얻은 공민왕 신당은 조촐하게 자리 잡고 있다. 슬픔이 고여 있는 듯 하기도 하고 쓸쓸해 보이기도 한다. 공민왕의 신당에도 단청과 현판이 없다. 자신의 대에서 고려의 왕업이 멸망하고 조선이 들어선 통탄할 마음의 공민왕이 하필이면 조선의 왕들이 모셔진 종묘에 들어서 600여 년을 이어가는 모습을 바라보고 있어야 하는 비운은 또 무엇인가 싶다. 역사에서 쓸쓸함은 간곡한 아픔이요 적막한 슬픔이다.

영웅이 만들어지듯이 왕도 만들어진다. 신체 구조나 먹고 자는 어느 것 하나 다를 것 없는 평범한 사람을 극도로 지엄한 존재로 만드는 것은 위정자의 몫이다. 왕 자신과 측근의 신하들과 밀착된 관계 속에서 왕의 신성스러움은 탄생한다. 배울 기회가 박탈되고 자유와 평등의 이념 대신 충과 효를 강조하는 유교적인 교리에 의하여 백성은 우민화되어 왕의 존엄에 이의를 제기하지 못하도록 했다. 종묘의 엄숙성도 왕의 지존을 위한 한 방법으로 유교적인 이념에서 찾아야 한다. 왕의 입장에서 통치 이념으로 지구상에서 유교만한 사상은 없다. 왕조를 위하여 목숨을 바쳐 충성하게 만드는 사상, 성리학은 자유주의가 싹틀 기회를 박탈한 공신이기도 하다.

종묘가 다시 한 번 아름다워지는 것은 600여 년을 지속해온 의례 문화 때문이다. 종묘 중요무형문화재 제56호인 종묘제례와 제1호인 종묘제례악인 남묘대제宗廟大祭가 있다. 한 왕조의 제사 의식이 끊어지지 않고 왕조가 사라진 지 100년이 다시 흘렀음에도 지금까지 존속되는 경우는 드물다. 세계적으로 극히 유례가 드문 일이다. 우리의 민족성 중에 하나인 은근과 끈기의 일면을 확인하게 하는 것 중에 하나이다.

석굴암 石窟庵 불국사 佛國寺

전세의 부모를 위하여 석굴암을 짓고, 현세의 부모를 위하여 불국사를 지은 김대성

석굴암과 불국사는 독립된 아름다움을 가지고 있으면서도 하나로 만나서 거대한 아름다움을 창조해 내고 있다. 불국사에서 석굴암으로 오르는 길은 너무 아름다웠다. 단풍으로 채색된 길을 걸으면 나비 같은 가벼움과 황홀함이 느껴졌다. 불국사와 석굴암을 잇는 길에서 아름다움은 홀로 걷는 고독자, 사람의 길을 생각나게 했다.

한민족의 역사 중에서 가장 오랜 기간 왕국을 지켜온 나라가 신라이다. 삼국 신라와 통일 신라를 합하면 단연 가장 오랜 기간을 통치한 왕국이다. 시조 혁거세로부터 경순왕까지 56대, 992년간 존속했다. 우리의 핏속에는 신라의 숨결과 신라의 역사가 자리하고 있음에도 불구하고 묘한 변별성을 갖게 되는 것도 특이한 일이다. 가장 한국적이어야 함에도 가장 이국적인 면을 가지고 있는 것도 신라의 문화에서 찾을 수 있는 특징이다.

우리 역사의 맥박을 만들어내는 피의 흐름에서 분명 신라는 특출난 것이 있는데, 불국사가 대표적이다. 신라의 멸망 이후의 역사가 우리에게 전해 준 것이 다른 문화적인 특성을 갖게 되어 더욱 그러한지도 모른다. 신라는 첫 느낌이 화려함으로 다가선다. 금으로 만들어진 금관과 장식물이 그렇고 불국사를 보아도 그렇다. 불국사는 다른 건축물과는 판이하게 다른 느낌을 준다.

우리의 문화는 수더분한 단아함이 자연과 어울려 조화를 강조하는 것인데 신라는 분명 그러한 면에서 다르다. 특히 불국사와 신라의 금관은 빼어난 몸매를 가지고 있다. 우리의 역사를 찬란한 역사라고 말할 때 어딘지 겸

연쩍은 점이 있었는데 신라의 불국사와 황금을 숭상한 문화에서는 수긍이 간다.

한국의 역사는 고대에서 현대로 내려오면서 일반적으로 규모나 장식적인 측면이 무너지고 소박함과 작은 것을 지향하는 문화로 이어졌다. 무덤의 크기에서나 건축물의 규모면에서 축소를 거듭해 왔다. 분황사 8층 석탑이 당시로서는 최고층이면서 동양 최대의 건축물이었고 고구려의 웅혼한 기상이 마차와 말이 달릴 수 있는 길을 가진 역동성을 가진 국가로 만들었다. 고려에 들어서는 도자기와 같이 집안으로 들어오더니 이내 조선조에 들어서는 매듭이나 자수 같은 규방 문화로 더욱 축소되는 현상을 보인다.

그러나 신라는 달랐다. 석재를 마치 정이 아닌 칼로 조각해낸 듯 정밀한 불국사는 잘 생긴 한국의 미남형 얼굴이다. 조금은 자연과의 교합이 부끄러운 듯 한발 물러서서 지형에 몸을 반쯤은 숨기면서도 결국은 천연덕스럽게 자리하는 것이 우리의 품성이다. 헌데 '나 잘 생겼소.' 큰소리치며 자랑스럽게 몸을 드러내고 있는 것이 불국사라 할 수 있다. 우리의 건축물 중 가장 화려한 건축물이다. 적어도 불국사에서는 근엄함이나 소박함보다는 빼어난 자태가 눈에 띈다.

통일 신라 경덕왕 10년, 서기 751년에 김대성의 발원에 의해 창건된 사찰인 불국사는 사적·명승 제1호로 지정되어 있을 뿐만 아니라 다른 건축물과 다르게 많은 국보를 보유하고 있다. 모든 면에서 불국사만큼 특출난 건물은 없을 것이다.

불국사에 포함된 국보에는 다보탑, 석가탑, 연화교와 칠보교, 청운교와 백운교, 비로자나불, 금동아미타여래좌상, 사리탑, 은제 사리 내·외합 등이 있다. 이들은 서로 다른 독보적인 미를 가지고 있지만 불국사의 한 부분으로서 역할을 하고 있다. 불국사는 1995년 12월 석굴암과 함께 세계문화유산으로 공동 등록되었다.

불국사는 횡축보다 종축의 빼어남을 강조한 건축물

우거진 소나무들 사이에 청운교, 백운교 위로 웅장한 절의 모습이 나타났다. 하늘 위로 날개를 뻗은 듯한 경쾌한 지붕선이 푸른 하늘과 함께 한눈에 들어왔다. 석단 중앙에 듬직하게 내리뻗은 계단은 두 단계로 나뉘는데, 이를 청운교, 백운교라 한다. 먼저, 아래쪽 계단의 이름은 백운교이고, 바로 위쪽 계단은 청운교이다.

천천히 회랑을 지나 대웅전 앞에 서면 절로 엄숙함을 느낄 수 있다. 다보탑과 석가탑은 대웅전 중앙 석가 삼존불과 정삼각형을 이룬다. 흔히 다보탑은 눈에 보이는 물질적인 아름다움이고, 석가탑은 마음에 비친 정신적인 아름다움이라고들 한다. 다보탑은 통일 신라 최전성기 때 세워진 석탑이다. 돌을 섬세하게 다룬 석공의 정성을 엿볼 수 있다. 돌사자가 원래는 네 마리였는데 일제 강점기 때 일본인들이 가져가게 되어 지금은 한 마리만이 남아 있다.

다보탑이 여성적인 부드러움을 지닌 장식적인 석탑인 반면, 석가탑은 간결하고 장중한 아름다움을 가진 남성적 조형미를 가진 석탑이다. 그러면서도 둘 다 깔끔하고 상승적인 이미지를 가진 탑이다. 대웅전을 중심으로 한 두 탑이 서 있는 그 곳은 석가모니불이 관장하는 사바세계를 나타낸다. 극락전을 중심으로 한 곳은 아미타불이 있는 서방 극락세계이고, 비로전을

청운교와 백운교 불국사는 돌을 길게 종축으로 세워 훤칠한 아름다움을 만들어 낸다.

중심으로 한 곳은 비로자나불, 즉 일체의 법이 화하여 나타나는 법신불을 모신 연화랑 세계를 뜻한다. 신라인이 그려 낸 부처님의 세계이자, 지상에 만든 이상적인 세계를 불국사의 조형물 하나하나에서 볼 수 있었다.

불국사 입구에서 보이는 건물들은 화려하고 빼어난 아름다움을 가지고 있다. 대웅전이 있는 대지와 건물로 들어가는 대지 간의 높이가 다르다. 이 땅의 층위를 흙을 돋워 채우거나 작은 계단을 몇 개의 단으로 만들어내는 것이 일반적이나 불국사는 우리의 다른 건축들과는 다르게 인위를 적극 도입했다. 드문 경우임에 틀림없다.

높이를 극복하는 방법으로 다리를 만드는 우아한 흥취를 도입하되 그 다리는 계단의 형식을 받아들여 아주 새롭고도 독특한 아름다움을 만들어내고 있다. 다리를 이용한 대석단이라고 하는 독특한 건축 양식을 택해서 돌출과 상승의 미를 창조해 냈다.

 이 다리와 계단의 역할을 함께 가진 청운교와 백운교, 그리고 연화교와 칠보교의 미적 우월성은 미루나무처럼 시원스러운 데 있다. 바라보면 개운

연꽃 모양의 청운교와 백운교 불국사 전면의 아름다움은 돌출과 종축의 석재로 인해 더욱 빛난다.

한 느낌이 드는데, 이 개운함은 횡선을 적극적으로 자제하고 있음에서 찾을 수 있다.

　석재들의 결은 모두 세로를 지향하고 있다. 가로선은 찾아보기 힘들고 45도로 기울어진 경사면의 난간선을 제외하고는 세로로 이루어져 있는데, 이러한 건축을 생각한 도공의 예술적인 기품이 도드라진다. 다리 위에 얹힌 상석도 곡선을 주어 횡적인 면을 줄여주고 있어 더욱 아름답다.

불국사의 예배 공간인 대웅전과 극락전에 오르는 길에는 동쪽의 청운교와 백운교, 서쪽의 연화교와 칠보교가 있다. 연화교와 칠보교는 극락전으로 향하는 안양문과 연결된 다리로, 세속 사람들이 밟는 다리가 아니다.

전체 18계단으로 되어 있는데, 밑에는 10단의 연화교가 있고 위에는 8단의 칠보교가 놓여 있다. 청운교·백운교보다 규모가 작을 뿐 구조나 구성 형식 등이 매우 비슷한데, 계단을 다리 형식으로 만든 특이한 구성이나 경사면을 45도 각도로 구성한 점, 다리 아래가 무지개 모양을 그리고 있는 것이 그 예이다.

비슷한 구성 속에도 이 다리만의 독특한 특징이 있는데, 그것은 연화교의 층계마다 연꽃잎을 도드라지게 새겨 놓았다는 점이다. 잘 다듬어진 석재에는 시원스런 인상을 주기 위해 어떤 무늬도 주지 않았지만 꼭 필요한 곳에는 빼놓지 않았다.

세월이 쌓이면 인위의 흔적은 아무리 아름다워도 지워진다. 사람들의 발자국에 닳고 계절이 바뀌는 현장에서 닳고 봄바람에 닳고 여름비에 닳고 가을비에 닳고 눈이 쌓이고 다시 녹으면서 닳아 조각이 희미해졌다. 꽃이 천년을 피고 졌을 시간 동안 돋을새김된 연꽃도 닳았다. 그만큼의 세월에 꽃이 지듯 졌다. 창건 당시부터 많은 사람들이 이 다리를 오르내리며 극락왕생을 기원하였고, 비구니가 된 신라 헌강왕비도 이곳을 오가며 왕의 극락왕생을 빌었다.

동쪽의 청운교와 백운교가 웅장한 멋을 보여주는데 비해, 서쪽의 연화교와 칠보교는 섬세한 아름다움을 내보이고 있어 불국사의 조형에 조화와 변화를 보여주고 있다.

불국사 창건에 대하여는 두 가지 설이 전한다. 그 중 하나는 불국사고금창기佛國寺古今創記로, 여기에 보면 신라 법흥왕 15년, 528년에 법흥왕의 어머니 영제부인의 발원으로 불국사를 창건하여 진흥왕의 어머니인 지소부인이 절을 크게 중건하면서 비로자나불과 아미타불을 주조하게 하여 봉안하였고, 문무왕 10년인 670년에는 무설전을 새로 지어 화엄경을 강설하였다. 그 후 751년 경덕왕 때에 김대성에 의하여 크게 개수되면서 탑과 석교 등도 만들었다고 하였다.

한편 불국사 사적에는 이보다 연대가 앞선 눌지왕 때 아도화상이 창건하였고 경덕왕 때 재상 김대성에 의하여 크게 3창되었다고 하였다. 이상으로 미루어 처음에는 소규모로 창립되었던 불국사가 경덕왕 때의 재상 김대성에 의하여 대대적으로 확장된 것이 확실하다. 삼국유사에는 경덕왕 10년 김대성이 지었음을 밝히고 있다.

전세前世의 부모를 위하여 석굴암을 조성했고,
현세現世의 부모를 위하여 불국사를 창건하였다.

김대성이 이 공사를 착공하여 완공을 하지 못하고 사망하자 국가에 의하여 완성을 보았다. 그 기간이 무려 30여 년의 세월이 걸렸다. 이 사찰 건립이 개인의 발원에 의하여 출발했지만 국가의 사업으로 마무리되었다는 것은 이 사찰의 비중이 그만큼 컸음을 말해 준다. 당시의 건물은 2,000칸 정도 되는 지금보다 훨씬 큰 규모였다.

불국사 대웅전 앞 다보탑은 사면으로 계단을 놓은 사각의 육중한 기단 위에 날개를 편 듯 힘찬 추녀가 가로 뻗친 사각 기와집 형식이다. 위에 연꽃잎 모양으로 창문을 낸 팔각정이 세워진 독특한 형식의 화려한 탑이다. 다보탑과 석가탑은 『법화경』에 근거하여 건립되었다. 석가여래가 진리를 설할 때 장엄한 칠보탑이 솟더니 그 탑 속의 다보여래가 석가여래에게 자리 반쪽을 비워 나란히 앉도록 했다. 다보여래는 석가여래 이전의 과거불이며 영원한 법신불인 다보여래가 석가여래의 법화경 설법을 찬양했다는 상징성을 띤다. 이 극적인 장면과 교리적 해석이 탑으로 변환하여 다보탑과 석가탑으로 조성되었다.

다보탑은 눈을 빛나게 하는 물질의 아름다움이요, 석가탑은 마음을 다듬은 정신세계의 아름다움으로 매듭을 지어 서로 적당한 거리를 둔 그리움의 탑이다. 불국사의 다보, 석가 두 탑은 둘이면서 하나이고 하나이면서 둘인데 법당 안에 있는 부처님과 정삼각형을 이룬 위치에 자리 잡아 하늘과 땅이 하나로 융합된 가운데 사람인 석가여래와의 삼각 꼭짓점을 만들어 이상적인 만남을 형상화했다.

탑은 원래 인도에서 나온 말인데, 석가모니 부처님이 태어난 곳, 성불한 곳, 진리를 가르친 곳, 그리고 열반한 곳 등에 세워졌다. 불교가 중국, 우리나라, 동남아시아의 여러 나라로 전해지면서 탑은 곳곳에 세워져 불교도들의 신앙의 표시가 되었다.

때로는 부처님의 유해의 일부를 나누어 모시기도 하고 때로는 영원히 살아계신 부처님을 상징하는 경이나 불상, 그 밖에 귀중한 보물들을 모셔 부처님이 계신 신성한 곳으로 여겨져 왔다.

다보탑과 석가탑은 쌍둥이로 태어나 독립된 아름다움을 지녔다

탑은 부처님의 육신이 담긴 무덤은 아니더라도 부처님의 정신이 담긴 부처님의 몸이다. 다보탑은 정교하게 다듬은 여러 형태의 석재를 목조 건축처럼 짜 맞춘 것으로 복잡하고 화려하다. 독특한 구조와 독창적인 표현법은 어느 나라에도 유례가 없다. 1925년 일제에 의해 전면 해체 복원되었으나 아무런 보고서도 남아 있지 않다. 탑 속의 사리장엄구 또한 행방을 모른다.

반면 석가탑은 통일 신라 초기의 둔중한 석탑 양식에서 벗어나 쾌적한 비례를 적용함으로써 더욱 간결한 형태를 띠고 있다. 비례해서 줄어드는 체감미가 간결한 기쁨을 만들어낸다. 8세기 중엽 이후 조성된 석탑 양식은 모두 석가탑을 전형으로 삼고 있다.

1966년 상층부를 해체하였을 때 제2층 탑신부의 사리공에서 금동외함, 금동방형사리함, 은제 내·외 사리함, 동경, 옥류 등 수십 종의 공양구와 세계에서 가장 오래 된 목판본『무구정광대다라니경』이 발견됐다. 석가탑은 무영탑이라고도 한다. 정식 명칭은 불국사 삼층 석탑이다. 무영탑이라는 이름은 이 탑을 만든 것으로 전해지는 아사달의 애틋한 사랑 이야기에서 유래한 것이다.

아사녀는 남편인 아사달이 탑을 무사히 잘 만들고 돌아오기만을 기다리는데, 아사달이 탑의 그림자가 연못에 비칠 거라고 약속했던 기한이 지났는데도 탑의 그림자가 떠오르지 않자 실망한 아사녀가 탑 그림자가 비칠 것이라고 약속했던 연못에 뛰어들었다는 이야기이다. 실제 탑이 완성되었는데 어떻게 된 일인지 그림자가 생기지 않았다고 해서 무영탑無影塔이라는 이름이 붙여졌다.

슬픈 이야기의 주인공인 아사달은 황룡사 구층탑을 완성한 아비지의 후손이다. 아비지는 백제의 장인으로 신라에 초청되어 황룡사 구층탑을 완성했다. 백제는 그만큼 뛰어난 건축술과 문화를 가지고 있었다. 석가탑과 다보탑은 그 배치 또한 절묘하다. 단순 소박한 석가탑은 복잡 화려한 범영루 뒤에, 복잡 화려한 다보탑은 단순 소박한 좌경루 뒤에 두어 균형과 대비를 이루게 했다.

비로전에 봉안되어 있는 비로자나불은 국보 26호이며 극락전의 금동아미타불 좌상과 국립경주박물관에 있는 백률사 금동약사여래 입상과 함께 통일 신라 3대 금동불의 하나이다. 원래 대웅전에 모셔져 있었지만 일제 때 아미타불상과 함께 극락전으로 옮겨졌고 그 후 현재의 비로전 주존불로 안치되었다.

몸은 바로 앉아서 정면을 향한 모습이고 오른손의 둘째손가락을 세워서 왼손으로 잡는 모양을 하고 있다. 이러한 손모양을 지권인智拳印이라고 하는데 모든 진리는 하나로 돌아간다는 진리의 표상이다. 오른손은 불계를 표시하고 왼손은 중생계를 표시한 것이다. 또 지권인은 중생과 부처가 둘이 아니며, 어리석음과 깨달음이 둘이 아니라는 심오한 뜻을 나타낸다.

관음전은 비로전 동쪽 언덕 위에 위치해 있다. 자비의 보살인 관세음보살을 모신 전당이다. 관세음보살은 사람들이 도와달라는 모습을 보기만 해도, 도와 달라는 소리를 듣기만 해도 곧 구원의 손길을 뻗치니 천 개의 손이 있고 천 개의 눈이 있다고 하여 천수천안 관세음보살이란 말이 있다.

불국사 석가탑 한국의 탑 중에서 가장 큰 아름다움과 절제미를 보여주는 대표적인 탑이다.

불국사는 한국미의 독특한 위치에 자리한 건축물이면서 돋보이는 건축물이다. 한국 건축물 중 돋을새김된 건물이라고 말하고 싶다. 한국 건축미의 일반적인 모습이 자연에 몸을 숨긴 은자 같으면서도 시선은 세속으로 향하고 있음을 여러 곳에서 확인하는데 불국사만큼은 여러 가지 면에서 눈에 띄는 건물이다.

불국사로 들어가는 다리와 문들이 두드러지게 빛나는 품위를 가지고 있으면서도 안으로 호흡을 가다듬어 다보탑과 석가탑을 품에 안은 모습은 화려함과 더불어 정제된 품위를 가지고 있다. 천년하고도 오백년의 세월을 더 견뎌 온 건축물이 이토록 아름다운 모습으로 우리와 함께 하는 것에 감사한다.

석굴암은 세계 유일의 인공 석굴 사찰이다

석굴암 정식 문화재 명칭은 석굴암 석굴이며, 석불사라고도 한다. 석굴암은 원래 석불사石佛寺라는 이름의 독립된 절이었으나 임진왜란 이후 불국사에 예속되었다. 서산 마애불이나 석굴암 본존불, 창녕 관룡사에 있는 불상 등은 모두 동동남 15도 방향, 즉 동짓날 해 뜨는 방향을 바라보고 있다. 석굴암도 마찬가지로 해가 뜨는 시간에 비치는 빛이 석굴암의 앉은 방향과 정확하게 일치하도록 되어 있다. 동지는 일 년의 끝이기도 하지만 동시에 첫 시작을 의미하기 때문이다. 삼국유사에 다음과 같이 적혀 있다.

신문왕은 681년 7월 7일 즉위했다. 아버지 문무대왕을 위하여 동해변에 감은사를 세웠다. 문무왕이 왜병을 진압하고 이 절을 짓다가 마치지 못하고 돌아가 바다의 용이 되었는데, 그 아들 신문왕이 즉위하여 682년에 마쳤다. 금당 계단 아래를 파헤쳐 동쪽에 구멍을 내었으니 용이 들어와 서리게 한 것이었다. 생각건대 유조로 장골葬骨케 한 곳을 대왕암이라 하고 절은 감은사라 하였으며, 그 후 용이 나타난 것을 본 곳을 이견대라 하였다.

석굴암 축조는 삼국을 통일한 위대한 선왕에 대한 존경을 표현하고 나라의 안녕을 기원하기 위한 국가적인 사업이었다. 문무왕은 왜병을 물리치고 나라를 지키는 동해의 용이 되어 이승에서까지 국가 수호의 집념을 잃지 않겠다는 군왕이었다.

이 같은 호국 사상은 동해구의 유적인 해중릉을 비롯하여 감은사나 이견대, 그리고 석굴암과 동해구와의 관계 등에서 같은 흐름으로 이해된다. 이 점은 석굴암의 창건주인 경덕왕의 선왕, 즉 효성왕 역시 화장 후 뼈를 뿌린 곳이 동해구여서, 석굴암 대불의 시각이 동남동 방향으로 동해구를 향하고 있음에서 확인할 수 있다.

그것은 곧 신라인의 믿음과 호국 정신의 요람으로서 국찰인 석굴암이 지니고 있는 신앙적인 측면은 물론, 조형적인 면까지 신라 미술의 최고 절정을 이룬 민족 최대의 석조 미술품으로 꼽아 결코 손색이 없는 위치를 굳히게 되었다.

석굴암의 구조적 특색은 무엇보다 화강암을 다듬어 인공적으로 축조한 석굴 사찰이라는 점이다. 인도·중국 등의 경우와 같이 천연의 암벽을 뚫고 조성한 천연 석굴이 아니다. 이 같은 토목 기술을 바탕으로 이룩된 석굴의 기본적인 평면 구조는 전방후원前方後圓의 형태를 취하면서 네모진 공간의 전실과 원형의 주실로 나뉘어져 있다.

석굴암 세계에서 유일하게 석굴을 만들어 불상을 앉힌 석굴 사찰이다.

주실에는 단독의 원각 본존상을 비롯하여 보살과 제자상 등이 있으며, 전실에는 인왕상과 사천왕상 등을 부조하여 배치하였다. 이 전실은 곧 예배와 공양을 위한 장소이다.

천장은 궁륭형의 둥근 양식이며, 그 위에 연화문의 원판을 두어 덮개돌로 삼고 있다. 조각상의 배치는 전실부터 시작하여 팔부신중 8구, 인왕 2구, 사천왕 4구, 천부 2구, 보살菩薩 3구, 나한 10구, 감불 8구와 본존여래좌상 1구가 있다.

이들 불상의 배치에 있어 두드러진 특징은 무엇보다 좌우가 대칭을 이루고 있다는 사실이다. 이는 고대 조형 미술의 기본 원칙과 같은 것이기도 하여서 석굴의 안정감을 한층 강조하는 구실도 하고 있다.

조각상 가운데 가장 중심을 이루고 있는 것은 본존여래좌상이다. 이 석굴 자체가 본존상을 봉안하기 위하여 조영되었던 만큼 그 의미가 매우 큰 불상이다. 예배의 주대상이 곧 이 본존상임은 물론, 중앙에 자리잡아 석굴의 내부 공간을 구획한 신라 조각 미술의 결정이라고 해도 지나치지 않을 뛰어난 작품이다.

본존상은 연화문이 새겨진 대좌 위에 결가부좌하고 있다. 광배는 석굴 후벽의 천장 밑에 둥근 연화판석蓮花瓣石 1매로 조성하였다. 이는 전실의 법당에서 본존상에 예배할 때, 동일 시각 위에 놓이는 치밀한 계산에 따라 처음부터 마련된 것이다.

원숙한 조각 기법과 사실적인 표현으로 완벽하게 형상화된 본존불, 얼굴과 온몸이 화려하게 조각된 십일면관음보살상, 용맹스런 인왕상, 위엄 있는 모습의 사천왕상, 유연하고 우아한 모습의 각종 보살상, 저마다 개성 있는 표현을 하고 있는 나한상 등 이곳에 만들어진 모든 조각품들은 동아시아 불교 조각에서 최고의 걸작품으로 손색이 없다.

특히 주실 안에 모시고 있는 본존불의 고요한 모습은 석굴 전체에서 풍기는 은밀한 분위기 속에서 신비로움의 깊이를 더해주고 있다. 지극히 자연스러운 모습의 본존불은 내면에 깊고 숭고한 마음을 간직한 가장 이상적인 모습으로 모든 중생들에게 자비로움이 저절로 전해질 듯하다.

본존상의 양식적 특징은 신라가 삼국을 통일한 직후 7세기 후반부터 유행하여 고려 전기에 이르기까지 계속된 여래좌상의 기본 양식이다. 법의는 오른쪽 어깨를 벗고 왼쪽 어깨에 가사를 걸친 우견편단右肩遍袒 양식을 보이고 있다.

또한 수인은 악마의 유혹을 물리친다는 항마촉지인降魔觸地印을 결結하고 있다. 머리 위에는 육계肉髻를 표시했으며 머리는 나발이다. 나발은 불상의 곱슬머리가 소라 모양과 같아 붙여진 이름이다. 얼굴은 원만한 모습에 자비를 지니고 있다.

몸체는 매우 당당할 정도의 거구로서 장부의 상을 보이고 있다. 목에는 삼도三道, 즉 주름살 세 줄이 있으며 오른손은 무릎에 올려놓고 두 번째 손가락을 다음 손가락 위에 겹쳐 운동감을 주고 있다. 왼손은 두 발 위에 놓아 편안한 자세를 보이고 있다. 어떻든 본존상의 신앙적인 의미와 조형적인 가치가 훌륭히 조화를 이루는 가운데 부드러운 자태와 인자한 표정에서 고도의 조각술을 살필 수 있는데, 이는 궁극적으로 불교의 구원상을 형상화한 것이라고 할 수 있겠다.

또한 김대성이 현세 부모를 위하여 불국사를 세우고 전세 부모를 위해 석굴암을 세웠다는 창건 유래 역시 미타정토를 표현한 것으로, 동해구의 유적과도 연관되고 있다.

이상의 여러 관점에서 석굴암 본존상의 명호는 마땅히 신라인의 정토 신앙을 기반으로 한 아미타불이며, 왕족의 발원에 의해 이루어진 거국적인 불사였음을 확인케 한다.

넓적한 돌로 원형 주실의 천장을 구축한 건축 기법은 세계적으로 유례가 없는 기술이다

석굴암 석굴의 구조는 입구인 직사각형의 전실과 원형의 주실이 복도 역할을 하는 통로로 연결되어 있으며, 360여 개의 넓적한 돌로 원형 주실의 천장을 교묘하게 구축한 건축 기법은 세계에 유례가 없는 뛰어난 기술이다. 중앙의 본존불은 높이 3.4미터에 이르는, 대좌까지 합치면 5미터나 되는 큰 불상으로 신체의 비례가 알맞고 각 부분이 부드럽고 세련된 솜씨로 조각되어 있다.

본존의 성격에 대해서는 여러 가지 학설이 있다. 우선 불국사가 8세기 중엽에 유행한 화엄종의 사찰이므로 보리수나무 밑에서 깨달은 석가모니가 부처의 형상으로 여러 대중과 보살들에게 깨달음을 보여주는 장면이라는 견해이다.

본존의 소외경전으로는 『방광대장엄경方廣大莊嚴經』을, 본존의 원조 석불로는 인도 부다가야 대각사大覺寺의 본존을 제시한다. 『방광대장엄경』은 석가의 탄생에서 깨달음의 순간까지를 담고 있는 경전으로 석굴암의 본존은 바로 이 정각의 순간을 구현하고 있다고 한다. 그러나 일반적으로 가장 유력한 설은 본존불이 아미타여래라는 설이다.

이는 다음의 세 가지 사실로 뒷받침되고 있다. 첫째는 1891년 석굴을 중수한 사실을 담은 현판에서 '미타굴彌陀窟'이라 불렸던 기록이 있고 또 오늘날까지 무량수불·무량광불無量壽佛·無量光佛을 뜻하는 '수광전壽光殿'이라는 편액이 전해지고 있다는 사실이다. 여기에서 수광은 끝없는 빛이란 뜻으로 아미타불의 다른 이름이다.

둘째는 일본인들이 본존불의 명호를 추정하는 주요 근거로 삼았던 오른손의 항마촉지인과 우견편단의 법의 양식이 신라 때 아미타불상에 가장 많이 적용된다는 점이다. 항마촉지인降魔觸地印이란 악마의 유혹을 물리치고 땅을 가리켜 부처의 진리를 증명하는 뜻을 지닌 손의 모습이고 우견편단右肩編袒이란 오른쪽 어깨를 드러내고 왼쪽만 감싸는 옷차림 양식을 말한다.

셋째는 부석사 무량수전 항마촉지인의 본존불이 아미타불인 것처럼 석굴암 본존불도 김대성을 비롯한 신라 왕실의 정토왕생을 바라는 의미에서 조성되었으므로 아미타불이라는 설이 틀림없다는 점이다.

여기서 흥미로운 사실은 본존불의 이마 한가운데를 둥글게 파내고 백호白虎를 박았는데 이것을 다면체로 깎아 햇빛을 반사하게 했다는 것이다. 이에 대해 미국의 동양미술사학자 존 카터 코벨 박사는 일본인들의 역사 왜곡에 대해 강한 불만을 폭로하면서 다음과 같이 평하였다.

제일 앞에 있는 좌우 첫 번째 감실 두 곳에 놓여진 불상도 본존불처럼 이마에 백호 구슬을 지니고 있었다. 동트는 새벽의 첫 번째 빛이 석굴암 입구와 그 위에 달린 광창을 통해 본존불 이마의 백호에 와 닿고 반사된 빛은 두 보살상의 백호를 향해 내쏘고 거기서 다시 한 번 굴절되어 나온 빛은 본존불 후면에 있는 11면 관세음상의 이마에 비쳐진다. 한마디로 새벽의 짧은 한순간에 석굴암 내부의 조명 효과를 극적으로 제고한다.

덧붙여 일본인들이 반출한 감실 내의 두 보살상과 본존불 이마의 백호가 다시 원위치에 선다면 이런 효과를 재현할 수 있다고 주장했다. 석굴암이 세계적으로 그 우수함을 인정받는 것은 신라 사람들의 지혜와 재능이 잘 녹아 있는 종합적인 건축물이기 때문이다.

석굴암의 구조는 다른 나라의 어느 석굴과도 비교할 수 없는 특징을 갖고 있다. 우선 석굴암은 화강석을 다듬어 석굴을 만들고 그 위에 흙을 덮은 인공 석굴로서 자연석을 뚫고 굴을 만든 고대 인도나 중국의 석굴과는 커다란 차이가 있다. 중국과 인도의 것은 건축물이라기보다는 조각이라고 할 수 있지만 신라의 석굴암은 명백히 건축물이다.

석굴암은 설계뿐만 아니라 시공면에서도 탁월한 재능을 보여주지 않으면 건설될 수 없었다. 궁륭형 천장은 화강석을 둥근 띠 모양으로 묶어 5개 층으로 구성되어 있다. 띠 둘레는 각각 10개의 2중 곡면 부재로 묶였고 아래쪽에서부터 위로 올라가면서 띠의 폭이 줄어들며 정점에 연꽃 문양으로 된 125개의 돌을 올려놓았다.

기울기가 크지 않은 아랫부분의 2개 층을 제외하고는 띠를 묶을 때 돌들이 아래로 떨어지는 것을 막기 위해 연접부에 쐐기들을 수평으로 박았다. 이를 '멍에돌 또는 팔뚝돌'이라고 한다.

불국사 불국사는 현생의 부모를 위해서 지었고 석굴암은 전생의 부모를 위해서 지었기에 둘은 만나서 하나로 완성된다.

멍에돌은 길이 2미터 크기의 약간 운두가 높고 폭이 좁은 단면의 장대석으로 멍에돌을 다듬었다. 길이가 길어 설치하면 머리 부분만 천장 벽면 밖으로 나오고 나머지는 적심에 넣어 고정시키게 된다.

멍에돌 머리 부분에는 잘록하게 판 홈이 있고 홈에 천장 판석을 끼운다. 멍에돌을 삽입하여 반 모멘트를 조성시켜 조립식으로 구형 방막을 건설한 것과 각 부재들의 이음줄이 세로 면에서는 궁륭의 원심에 집중되어 있는 반면 궁륭 표면상에서는 정확하게 자오선을 따라 형성되도록 한 것은 신라의 석공들이 높은 구조 역학적 지식을 갖고 석굴암을 축조하였음을 보여준다.

이는 돌 부재가 중심축 방향으로는 주로 압축력만이 작용하게 하고 위로 올라갈수록 부재의 무게를 줄이게 하는 합리적인 구조로, 불국사 청운·백운교 좌우의 석벽 구조에서도 멍에돌 공법이 사용되었다.

천장 덮개돌은 손잡이 없는 찻잔을 거꾸로 엎어 놓은 형상으로 연화문 지름 2.47미터, 높이 1미터, 바깥쪽 지름 3미터나 되는 크기로 무게가 자그마치 20톤이나 된다. 기중기로 들어 올려도 만만치 않은 무게의 커다란 덮개돌이다. 정확하게 반구형 돔을 시공했기 때문에 역학적 균형을 이루어 매우 튼튼하고 안정되어 있다.

김대성의 꿈에 나타난 선녀

『삼국유사』에는 다음과 같은 신화의 내용이 전해지고 있다.

본존불을 조각하기 직전에 석굴 천장의 돌 덮개를 만들던 중 갑자기 돌이 세 조각으로 깨져 버렸다. 김대성이 분을 이기지 못하다 깜빡 잠이 들었는데 천신이 내려와서 덮개를 다 완성시켜 주고 돌아갔다. 꿈을 깬 대성이 나가서 석굴암을 보니 꿈에 본대로 덮개석이 원위치에 올려져 있었다. 김대성은 감동하여 남쪽 고개로 달려가서 천신께 제사를 지냈고 그곳을 향령香嶺이라고 불렀다.

실제로 석굴 천장 중앙의 돌 덮개는 세 조각으로 깨어져 있다. 유홍준의 감상평은 신비로움과 인간적인 간극 사이에서 오묘한 줄타기를 하고 있는 것을 그려내고 있다.

석불사 석굴 조각은 맹목적 보편성을 드러내는 아카데미즘이 아니었다. 신이라고 부르기엔 너무도 인간적이고, 인간적이라고 말하기엔 절대자의 기품이 강하였다. 엄숙하다고 말하기엔 온화하고, 인자하다고 말하기엔 너무 엄했다. 젊다고 생각하려니 너무 의젓하고 노숙하다고 말하기엔 너무도 탄력이 있었다. 남성으로 보려니 풍염하고 여성이라고 말하기엔 너무 건장하였다. 그리하여 혹자의 '아버지라고 보려하니 너무 자비롭고, 어머니로 보려하니 너무 엄격했다.'는 말도 생각났고, 이 세상의 질서와 평화가 저 한 몸에 있다.

석굴암이 세계문화유산으로 선정될 당시의 심사위원들은 석굴암을 직접 보고 나서 극찬하였다. 석굴암은 신라 시대 전성기의 최고 걸작으로 그 조영 계획에 있어 건축, 수리, 기하학, 종교, 예술이 총체적으로 실현된 유산이며, 불국사는 불교 교리가 사찰 건축물을 통해 잘 형상화된 대표적인 사례로 아시아에서도 그 유례를 찾기 어려운 독특한 건축미를 지니고 있다.

자세히 보면 손금과 발바닥에 금이 있는 것은 물론 연화문의 꽃무늬가 사실적으로 조각되어 있다. 불상 중에서 발바닥에 금이 있는 것은 아직 다른 곳에서 발견하지 못한 특별한 점이다. 섬세하게 조각된 연화문 무늬 하나만 떨어져도 다시 조각해야 하는 것을 감안할 때 조각가는 고민을 하지 않을 수 없었을 것이다. 다루기 매우 어려운 화강암으로 섬세하고 조심스러운 제작 과정을 거쳐서 완벽한 배율과 아름다움을 갖도록 만들었으므로 석굴암이 비록 작은 규모이지만 세계 어느 문화재에 비해 떨어지지 않는다는 뜻이다. 동양에서는 석굴암 불상에 견줄 만한 것이 없을 정도로 훌륭한 걸작품이라고 평했다.

창덕궁
昌德宮

동아시아 궁전 건축사에 있어 비정형적 조형미를 간직한 대표적인 궁

사람이 만든 건축물 중에서 가장 절대적인 인공미를 보여주는 것이 왕궁과 신전이다. 기득권자는 권력을 가진 만큼 인위적으로 건축물에 신비성과 위압감을 가지게 만든다. 성스럽고 특별하게 보이려고 크기와 모양 그리고 상징성을 부여하면서 특권층임을 부각시킨다. 하지만 창덕궁은 다르다. 인위의 건축물을 자연과 상생하듯 어우러지게 조성한 예는 드물다.

창덕궁의 아름다움은 자연과의 조화에 있다. 창덕궁에서 후원으로 걸어보라. 누가 왕궁이라 부르겠는가. 산촌에 휘어지며 이어지는 길처럼 편안하고 안락하다. 나비 한 마리 팔랑하고 날아가면 고향의 길 같다. 그만큼 친근하고 따뜻하다. 사랑 하나 가슴에 품고 걸으면 첫 사랑이 향기처럼 찾아올 것 같다.

창덕궁이 유네스코 세계문화유산에 등재된 것은 동아시아 궁전 건축사에 있어 비정형적 조형미를 간직한 대표적 궁으로 주변 자연환경과의 완벽한 조화와 배치가 탁월하다는 평가를 받아서이다. 그리고 등록 기준을 살펴보면 좀 더 명확하게 바라볼 수 있는 계기가 된다.

하나는 일정한 시간에 걸쳐 혹은 세계의 한 문화권 내에서 건축, 기념물, 조각, 정원 및 조경 디자인, 관련 예술 또는 인간 정주 등의 결과로서 일어난 발전 사항들에 상당한 영향력을 행사한 유산으로 평가받았다.

다른 하나는 '독특하거나 지극히 희귀하거나 혹은 아주 오래된 유산'으로 인정받았으며 마지막으로 가장 특징적인 사례의 건축 양식으로서 중요한 문화적, 사회적, 예술적, 과학적, 기술적 혹은 산업의 발전을 대표하는 양식이라는 점을 높이 평가받았다.

'비정형적'이라는 단어에 담겨 있는 뜻은 깊고 향토적이다. 동아시아의 궁궐은 중국의 양식에 따라 지었다. 궁궐이란 궁宮과 궐闕을 합친 말이다. '궁'이 왕과 신하가 함께 정무를 보고 거처하는 곳이라면, '궐'이란 그 궁을 지키는 궁성과 성루와 성문을 가리키는 말이다.

궁궐의 구조는 원칙이 있다. 궁의 왼쪽에는 역대 왕들과 왕비의 신위를 모신 종묘를 배치하고 오른쪽에는 토지와 곡식의 신에게 제사를 지내는 사직단을 세운다. 건물 배치 시 국가의 큰 행사를 치르거나 왕이 신하들의 조례를 받는 근정전과 왕이 일반 집무를 보는 사정전을 비롯한 정전과 편전 등은 앞에 두고, 뒤에는 왕과 왕비의 거처인 침전과 휴식 공간인 후원이 자리 잡는다. 전조후침의 격식이다.

창덕궁은 정궁이 아니라 이궁이어서 자유스러운 면도 있지만 우리의 심성 속에 흐르는 자연의 흐름을 그대로 받아들여 지었다. 건물을 물 흐르듯이 배치하면 편안하다. 경복궁이 정형미를 가졌다면 창덕궁은 자연미를 가졌다. 특히 후원의 아름다움은 독보적이다. 산과 내를 인위적으로 건드리지 않고 그대로 두었다. 산과 물이 만나는 아늑한 곳에는 정자와 연못이 있다.

왕실의 공식적인 집무 및 생활 공간은 정궁 또는 법궁이라 한다. 반면 왕이 임시로 기거하면서 집무를 보는 일종의 보조 궁궐을 이궁이라 하며 궁 밖 행차 시 머무르는 곳을 행궁이라 한다. 이궁이면서 정궁의 역할을 한 것이 창덕궁이다. 몸에 익고 마음에 익어 왕들이 많이 이용했기 때문이다.

창덕궁의 문화·역사적 그리고 유물로서의 가치를 한마디로 요약하면 우리만의 독창적인 문화적인 산물이라는 데 있다. 가장 한국적인 모습이 가장 세계적인 힘을 가질 수 있고 세계문화유산으로서도 가치가 있음을 명백하게 보여주는 실례이다. 자금성의 규모를 보고 창덕궁을 낮게 보는 사람이 있지만 그것은 문화의 깊이를 헤아리지 못하는 데서 오는 것이다.

자금성은 중국 문화의 속성처럼 웅장하고 인위를 극대화시켜 과장된 모습을 보인다. 반면 우리의 창덕궁은 그것과 매우 대조적이다. 조용하고 자연과 손을 잡고 어깨를 서로 주고받으며 지어진 건물들이 오순도순 모이고 흩어져 있다. 자금성에서는 크기와 분위기에서 위압적인 느낌을 받지만 창덕궁을 걸으면 쉬고 싶어지고 정담이 절로 오고 갈 것 같은 다정다감한 느낌을 받는다.

중국은 서양의 파르테논 신전처럼 언덕이나 산에 건축물을 지어 자연을 제압하는 듯한 구조물을 짓는 반면, 일본은 자연 속에 묻힐 만큼 숨어버리는 경향이 있다.

한민족의 심성에는 자연이 숨쉬고 있다

우리의 건축 양식은 전혀 다르다. 산을 등에 지고 물이 계속 흐르도록 두면서 이들과 잘 어울리는 자리에 높지도 낮지도 않은 건물을 짓는다. 산에 건축물이 들어섬으로써 비로소 완성되는 구도를 가지고 있다. 이토록 자연과 친화적인 민족은 드물다.

유럽과 미국의 건물들을 보라. 이토록 친근감을 가지는 건물을 가지고 있는가. 그것도 위용을 주장하고 싶은 최고 권력자가 살고 있는 궁에서 이

창덕궁 창덕궁은 지존의 공간으로, 특히 왕의 처소와 왕비의 침전이 있는 곳까지 들어가려면 아홉 개의 문을 통과해야 하는 구중궁궐이다.

러한 일은 찾아보기 힘들다.

　창덕궁의 아름다움은 후원에 있다. 창덕궁의 아름다움은 정전이 3이라면 후원이 7정도로 후원이 우세하다. 후원은 자연을 받아들여 절묘한 위치 선정과 미를 살려내어 사람이 자연과 함께 어울려 살 수 있다는 공동체 구성의 낙원을 만들어 담화라도 나누고 있는 풍경이다. 계절이 왔다가 갈 때마다 아름다움 하나를 새롭게 선물하고 가는 곳이 창덕궁 후원이다. 계절의 흐름을 어느 곳에서보다 실감나게 느낄 수 있다.

　창덕궁은 1405년, 조선왕조 제3대 태종 5년에 경복궁의 이궁으로 지어진 궁궐이며 창건 시 창덕궁의 정전인 인정전, 편전인 선정전, 침전인 희정당, 대조전 등 중요 전각이 완성되었다. 그 뒤에 돈화문이 건립되었고 세조 9년에는 약 6만2천 평이던 후원을 넓혀 15만여 평의 규모로 궁의 경역을 크게 확장하였다.

임진왜란 때 경복궁과 함께 소실된 것을 선조 40년에 중건하기 시작하여 광해군 5년에 공사가 끝났으나 1623년의 인조반정 때 인정전을 제외한 대부분의 전각이 소실되었다. 반복되는 전쟁과 내부의 불화로 불에 타버리는 비운을 겪었지만, 인조 25년에 다시 복구되었다.

창덕궁 창덕궁과 창경궁은 하나의 궁이었는데, 일제 강점기에 창경궁을 동물원으로 사용하면서 나뉘게 되었다.

창덕궁은 1610년 광해군 때 정궁으로 사용한 후부터 1868년 고종이 경복궁을 중건할 때까지 258년 동안 역대 제왕이 정사를 보살펴 온 실질적인 법궁이었다.

창덕궁 안에는 가장 오래된 궁궐 정문인 돈화문, 신하들의 하례식이나 외국 사신의 접견 장소로 쓰이던 인정전, 국가의 정사를 논하던 선정전 등의 치조 공간이 있으며, 왕과 왕후 및 왕가 일족이 거처하는 희정당, 대조전 등의 침전 공간 외에 연회, 산책, 학문을 할 수 있는 매우 넓은 공간을 후원으로 조성하였다.

정전 공간의 건축은 왕의 권위를 상징하여 높게 지었다. 인위의 냄새가 난다. 침전은 정전보다 낮고 간결하게 지었다. 위락 공간인 후원은 자연과 정을 주고받으며 이야기라도 나누는 듯 아늑하다. 창덕궁의 백미는 정전과 침전보다 후원에 있다. 동북아의 가장 자연화된 궁궐이 창덕궁이고 창덕궁에서도 후원 건축이 절정을 이룬다.

정궁인 경복궁, 행궁인 창경궁과 경희궁에서는 정문으로부터 정전, 편전, 침전 등이 일직선상에 대칭으로 배치되었다. 이는 보다 강한 권위를 보이게 하기 위한 배치이다.

반면 창덕궁의 정문인 돈화문은 정남향이지만 궁 안에 들어서면 금천교가 동향으로 놓여 있다. 다시 북쪽으로 인정전, 선정전 등 정전이 자리하고 있다. 그리고 편전과 침전은 모두 정전의 동쪽에 전개되는 등 건물 배치가 여러 개의 축으로 이루어져 있다. 다른 궁과는 다른 양식적인 특징을 보이고 있다.

자연스런 산세에 따라 자연 지형을 크게 변형시키지 않고 건물이 숲과 더불어 아늑한 자리를 잡았다. 자연과 인간이 만나 어우러진 아주 자연 친화적인 건물이다.

왕들의 휴식과 사냥터로 이용되었던 후원은 300년이 넘은 거목과 연못, 정자 등 조원 시설이 자연과 조화를 이루게 함으로써 건축사적 의미와 더불어 조경사적 측면에서 빼놓을 수 없는 귀중한 가치를 지니고 있다. 창덕궁은 조선 시대의 궁 중 가장 아름다운 궁이다. 그중 후원은 창덕궁을 아름답게 만들어 주는 핵심적인 역할을 하고 있다.

후원은 태종 5년 창덕궁을 창건할 때 조성하였다. 지금의 모습과는 다르게 창경궁과는 담이 없었다. 동궐이라 한 창덕궁과 창경궁은 원래 하나의 궁이었는데, 지금과 같이 창덕궁과 창경궁이 담으로 나누어진 것은 일제 강점기 때이다.

창덕궁 후원은 우리나라의 대표적인 전통 조원 시설로서 자연적인 지형에다 꽃과 나무를 심고 못을 파서 조화로운 건물의 위치를 배치했다. 정자는 임진왜란 때 대부분 소실되었고 지금 남아 있는 정자와 전각들은 인조 원년 이후 개수·증축된 것이다.

이곳에는 각종 희귀한 수목이 우거져 있으며, 많은 건물과 연못 등이 있어 왕과 왕비들은 이곳에서 여가를 즐기고 심신을 수양하거나 학문을 닦고 연회를 베풀었다.

창덕궁의 뛰어난 점은 조선 시대의 전통 건축으로 자연 경관을 배경으로 한 건축과 조경이 고도의 조화를 표출하고 있는 데 있다. 후원은 우리만의 독특한 조경의 묘안을 찾아내어 동양 어느 나라보다도 아름다운 정원을 만들어냈다. 사람은 자연에 기대고 자연은 사람을 감싸 안아 사람과 자연이 기대고 받아주는 미덕을 만들어내고 있다. 우리만의 새로운 건축의 얼굴을 만들어내고 있다.

창덕궁은 사적 제122호로 지정되었다. 창덕궁 내에는 국보급과 보물급 그리고 천연기념물이 여러 건 있다. 돈화문(보물 제383호), 인정문(보물 제813호), 인정전(국보 제225호), 대조전(보물 제816호), 구선원전(보물 제817호), 선정전(보물 제814호), 희정당(보물 제815호), 향나무(천연기념물 제194호), 다래나무(천연기념물 제251호) 등이 지정되었다. 하나의 사적 안에 국보와 보물 그리고 천연기념물까지 뭉뚱그려 안고 있다. 창덕궁은 1997년 12월 유네스코 세계문화유산으로 등록되었다.

조선의 역사는 경복궁이 아닌 창덕궁에서 이루어졌다

경복궁은 명목적으로 정궁이었으나 풍수지리 해석상 좋지 않은 지역이었으며 왕자의 난 등이 일어나 비극의 현장으로 낙인찍히면서 등극하는 왕마다 기피하였다. 사실상 조선의 역사는 창덕궁에서 이루어졌다고 해도 지나친 말이 아니다.

궁궐 건축은 대지에 별도로 석축을 쌓아 높이에 의한 위계를 강조한다. 석축이 쌓여진 그 기반의 높이가 바로 위계를 나타나게 되어 있다. 위엄을 보이는 건축물은 높이와 크기로 압도하기 위해 대형화시킨다. 마찬가지로 창덕궁에서 인정전은 가장 높게 축대를 쌓았다. 이를 월대라 하는데 어느 건물보다도 위엄을 나타내기 위하여 높이와 규모 그리고 석상까지도 특별 배려를 했다.

창덕궁은 건물 배치가 여러 개의 축으로 이루어져 있으며, 가장 한국적인 궁궐의 모습을 나타내고 있다. 그리고 전망대처럼 높은 곳에 위치한 건물도 있다. 이는 경복궁에서는 용납되지 않는 건물이다. 정전보다 높은 곳에 다른 건축물이 있다는 것은 용납되지 않는다. 절대지존의 틀을 깰 수 없기 때문이다.

창덕궁에서의 이러한 예외적인 조치는 자연적인 산세를 이용함으로써 만들어진 것인데 이러한 면이 창덕궁의 건축 미학적 장점이다. 인위적인 건축물이 자연에 포근하게 기댄 모습에서 처음으로 만나는 표정은 '편안함'이다. 건축물이 주는 미덕 중에서 사람을 편안하게 해주는 것 이상의 미덕을 어디에서 찾을 수 있겠는가. 자연과 인간이 만들어낸 이상적인 건축의 만남이다.

우리나라 고궁의 백미라고 할 수 있는 것이 창덕궁의 후원이다. 가장 한국적일 뿐만 아니라 가장 아름답다. 그래서 가장 세계적인 기쁨으로 우뚝 설 수 있다. 한국의 궁궐을 보면서 규모와 형식에 있어서 중국의 것을 본떴다는 사람들을 종종 만난다. 그러나 창덕궁 후원에 오면 가장 한국적인 느낌을 받게 된다.

우선 숲 속에 그림처럼 지어진 정자와 건물들이 한 폭의 동양화 같다. 인위의 절정은 국가 조직이다. 그 조직의 우두머리인 왕은 가장 인위적인 존재이다. 그가 거처하는 곳은 인위적일 수밖에 없다. 다른 나라를 다녀 봐도 왕궁은 모두 인위의 절정을 이룬다. 그 나라에서 가장 크고, 당대의 최고 기술을 적용시켰으며 인위적인 위용을 위해 극대화하려는 특성이 있다. 그것도 부족해 몇 개의 겹으로 담을 둘렀다.

창덕궁 낙선재 헌종이 자신이 진정으로 사랑했던 후궁 경빈 김씨를 위하여 지은 사랑의 집이다.

통치는 인위의 절정에서 생산하는 권위이다. 그 권위는 백성이 범접하지 못할 규모와 높이로 선을 그어 놓은 것이다. 그만큼 자연을 무너뜨리려고 노력했다. 그 자리에 성전을 높이 짓는 것이 일반적인 관례였다. 헌데 동방의 끝에 자리한 나라 조선에서는 이러한 공식을 깨뜨렸다.

왕들의 휴식처로 사용되던 후원은 300년이 넘은 거목과 연못, 정자 등 조원 시설이 자연과 조화를 이루도록 배려했다. 이는 드물고 다른 나라에서는 찾아보기 힘든 특별한 형태의 건축물이다. 그 독특함은 무엇보다도 인공적인 것을 벗어던지고 자연과 만나는 모습을 보여준 데 있다.

창덕궁 부용지 창덕궁 후원에서도 가장 아름다운 장소이다. 자연과 어울리게 집을 짓는 한국 건축의 원형을 만나는 곳이기도 하다.

창덕궁 후원에서 못을 판 것도 원래 못이 들어서 있어야 할 자리에 조금 더 파서 모양을 갖춘 것에 불과하다. 평지에 연못을 파거나 새로 조성하지 않고 산의 형태에 어울리는 자리를 찾아내어 그 자리에 어울리는 건물의 모양을 지었다. 그래서 후원을 거닐면 마음이 푸근해진다. 길은 산자락을 따라 이어져 있어 구불거리며 숲에는 나무들이 들어차 그늘과 흔들거리는 나뭇잎들의 생기를 제공해 준다.

창덕궁 후원에 서보라. 창덕궁 후원에서 사람이 비로소 사람다워지는데 독자적인 아름다움이 아니라 화해에 의해서 아름다워진다. 사람의 마을에서 사람이 자연에 의해 아름다워지고, 자연이 사람과 건축물에 의해 아름다워진다. 진풍경이다. 서로 기대어 마음껏 푸근해져서는 흐뭇한 여유를 느끼게 해 준다. 사람과 자연이 건축물과 만나 하나의 고운 풍경이 만들어지는 곳이 창덕궁 후원이다. 그래서 창덕궁 후원은 공생의 낙원이다.

창덕궁 후원은 사계절이 독자적으로 아름답다

우리나라의 건물은 서양식과 다르다. 서양식 건물의 문은 밀어서 열고 당겨서 닫는 구조와 횡축인 옆으로 밀어서 여는 것이 전부이다. 하지만 한국 건축물의 구조는 상하 좌우 밀고 당기는 다양함을 가지고 있다. 심지어 문을 떼었다 붙였다 하거나 들어 올려 거는 문까지 실로 변화무쌍하다. 이는 우리의 의식 구조가 이처럼 종횡무진한 것을 의미한다.

문을 열어서 접어 들어 올리는 기상천외한 방법을 개발한 민족이 우리 민족이다. 들어걸개라고 한다. 외국인들이 보고는 그 발상에 눈이 휘둥그

레진다. 여름이 긴 우리나라에서 나온 기발한 문이다. 여름에 문을 떼어내거나 들어 올리면 주위의 풍경이 한번에 정원이 되고 숲이 된다. 일시에 정원 한복판에 자리한 실내에서 밖을 관망하는 구조로 된다. 밖에서 보면 그대로 자연화된 정자와 건물이 둘이 아니고 하나의 풍경으로 일어서는데 그 모습이 아늑하다.

여름이 되면 나무 그늘이 만들어낸 시원한 길 때문에 휴양 온 듯한 느낌이 들고, 가을이 되면 부용지에 비치는 단풍이 온종일 푸른 하늘을 붙잡은 모습이 너무 아름다워 자리를 뜨지 못한다. 겨울이 되면 죽은 듯 정적이 내려앉고 눈이 세상을 덮었는데 정자만 사람을 기다리고 서 있다. 봄이 오면 초록이 후원을 깨우는데 바람도 덩달아 부드러워진다. 언제 가보아도 창덕궁의 후원은 아름답다.

혼자 걸으면 또닥또닥 그리움이 따라오며 걸어주고 함께 걸으면 재잘거리는 바람 소리가 따라오며 걸어주는 후원이다. 언제 찾아가도 거닐고 싶은 후원이지만 그 중 빛나는 곳이 있다. 영화당은 지방에서 초시에 합격한 사람들만 골라 임금이 친히 참석한 자리에서 시험을 치게 하였다. 이를 전시라 하는데, 영화당은 그런 과거를 보는 장소였다. 이곳 영화당에서 시험을 치러 급제하는 것이 무엇보다 큰일이지만 왕이 거처하는 왕궁에서도 깊은 후원에서 왕의 얼굴을 직접 볼 수 있다는 것은 가슴 더워지는 일이었다. 이 자리는 사내로 태어나 세상으로 나아가는 신분 상승의 장이었으며, 왕궁을 들어와 볼 수 있는 드문 기회를 주는 곳이었다. 또한 왕조 시대에 지존의 상징인 왕을 만나볼 수 있어서 더욱 선망하는 자리였다. 원래 이곳은 임금이 신하들과 꽃구경을 하고 시를 지으며 놀던 곳이다. 정조 때부터 이곳을 과거장으로 사용하여 영화당에서는 시관이, 그 앞 춘당대에서는 응시자들이 자리잡고 과거를 보았다.

창덕궁 후원 중에서도 가장 아름다운 곳이 부용정이다. 부용정은 연못에서 아름답게 피어올린 한 송이 꽃과 같은 정자를 꾸민 곳으로, 정조 때 개건했다. 영화당에서 과거를 보고 급제를 하면 주합루에 올라가 왕실 도서관의 수만 권의 서책을 읽으면서 능력을 한층 끌어올리게 된다. 그때 그 일을 축하해 주는 자리가 부용정이다.

부용정의 평면은 아亞자 형으로 생각보다 작다. 한 발치 떨어져서 바라보기에는 아름다우나 들어서기에는 옹색해 보인다. 한쪽은 뭍에 걸치고 다른 한쪽은 부용지에 발을 담그고 있다. 동쪽에 열린 문을 열고 들어서면 햇빛이 들어오는 것을 강조한 불발기창이 달린 창과 외짝의 문이 있다. 그 안에 들어서면 단문이다.

영화당과 부용정 그리고 주합루를 아름답게 만드는 것은 부용지芙蓉池이다. 부용지가 있어 주변을 두른 낮은 산이 빛나고 정자가 비로소 아름다워진다. 절묘하다는 것은 이러한 것을 두고 하는 말이다. 그리 크지 않으나 주변의 것들을 빛나게 해주는 미덕을 가진 연못이다.

크기는 세로 34.5미터, 가로 29.4미터이며, 가장자리는 장대석들을 바른층쌓기로 하여 마감하였다. 못 가운데에는 둥근 섬이 하나 있다. 연못이 네모나고 섬이 둥근 것은 '하늘은 둥글고 땅은 네모났다'고 하는 사상에서 비롯된 것이다. 조선의 얼굴로 내세우고 싶은 곳이 있다. 바로 주합루宙合樓이다. 영화당, 부용정, 부용지와 만나는 주합루는 하나의 작품을 만들어내어 한국 정원의 진수를 보는 듯하다.

이곳은 역사성도 깊은 곳이다. 1776년 정조는 즉위하자마자 창덕궁 후원에 규장각을 짓도록 명했다. 창덕궁에서 제법 낮은 구릉을 끼고 들어와 시야가 열리는 왼편으로 펼쳐지는 풍경이 시리도록 아름다운데 그곳에 규장각이 있다. 규장각은 개혁 정치의 상징이다. 정조는 규장각에 실학자들이나 서얼 출신들을 파격적으로 기용했다. 개혁의 시작은 이곳에서부터 시작되었다.

아래층이 바로 왕실의 도서를 보관하는 규장각이고, 2층은 열람실로서 주합루라고 한다. 요즘에는 건물 전체를 그냥 주합루라고 한다. 주합루의 서쪽에는 책을 보관하던 서향각이 있고, 뒤쪽에는 별당인 제월광풍관이 있다. 제월광풍관은 단청을 하지 않아 시골 처녀가 옷을 새로 빨아 입고 말끔하게 세수를 하고 자리한 듯한 느낌이다. 소박하고 깔끔한 건물이다. 이름이 참 멋스럽다. '제월광풍관霽月光風觀'이라면 '비 갠 뒤의 빛나는 달과 바람을 바라보는' 곳이라는 뜻일 텐데 공부에 열중한 학자들의 눈이 맑아지라는 마음이 담겨 있을 것 같다.

부용지와 주합루를 두 개의 공간으로 나누는 역할을 하고 있는 어수문漁水門이라는 문이 있다. 임금과 신하의 관계를 물과 물고기의 관계처럼 늘 긴밀하게 붙어살라는 마음을 담은 이름이다.

애련정愛蓮亭. 이름이 참 곱다. 연꽃을 사랑하라는 뜻일까, 사랑스런 연꽃이 있는 정자라는 뜻일까? 주합루 후원을 통해 언덕 아래로 내려가는 층층다리를 한발 한발 내려서면 바로 건너편에 방지가 보인다. 방지는 사각형의 연못이다. 방지 북쪽에 단문의 정자가 서 있다.

애련정에 들어가 앉으면 난간 위로 기둥에 장식한 낙양각이 드리워지는

데, 마치 그림틀의 액자 같다. 앉아서 내다보는 경치가 한 장의 고운 풍경 사진 같다. 단풍이 든 모습을 보면 단풍의 붉은색만큼이나 붉어졌다가 이내 가슴 한편이 싸해진다. 겨울이 기다리고 있기 때문이다. 계절이 피어선 지고 다시 피는 곳으로는 여기만한 곳도 드물다.

 창덕궁의 후원은 사람이 자연에 기대고 자연은 슬며시 받아주어 하나의 풍경이 완성되는 곳이며, 동아시아의 정원 문화의 높은 경지를 만날 수 있는 곳이다.

수원 화성
水原 華城

왕권을 살리고 백성을 살리기 위한 축성

화성은 중국, 일본 등지에서는 찾아보기 드문 평지에 건축된 평산성의 형태로 정치·군사적 방어 기능과 상업적 기능을 함께 보유하고 있다. 평성과 산성의 장점을 모두 살린 평산성은 드물다. 화성을 답사하다 보면 산책하는 기분이 들 정도로 오밀조밀하면서도 편안하고 굳건한 성의 역할을 하고 있는 것이 특이하다.

화성은 시설의 기능이 과학적이고 합리적이며, 실용적인 구조로 되어 있어 동양 성곽의 백미라 할 수 있다. 성벽은 외측만 쌓아올리고 내측은 자연 지세를 이용해 흙을 돋워 낮으면서도 안정적이고 방어적인 모양을 하고 있다. 무엇보다 성의 미학적인 면을 적극 수용한 아름다움에 감탄하게 된다. 조선의 국가적인 힘을 기울여 지은 성이라는 선입견이 없다면 현대 건축의 형상미를 적극 도입한 개인의 성처럼 보인다.

수원성은 단순히 흙으로 쌓아 올린 읍성이었으나, 조선 정조 때 성곽을 새로이 축조함으로써 이후로는 화성華城이라 하였다. 화성은 철학적 논쟁 대신에 백성의 현실 생활 속에서 학문의 실천 과제를 찾으려고 노력한 실학 사상의 영향을 받은 인적 구조물이란 점에서 더욱 의의가 크다. 벽돌과 돌의 교축, 거중기의 발명, 목재와 벽돌의 조화를 이룬 축성 방법 등은 동양 성곽 축성술의 결정체로서 수작이다. 당대 학자들이 머릴 맞대고 충분한 연구와 치밀한 계획에 의해 동서양 축성술을 집약하여 축성하였기 때문에 그 건축사적 의의도 크다.

유네스코에 등재된 세계문화유산적 가치로는 '18세기에 완공된 짧은 역사의 유산이지만 동서양의 군사 시설 이론을 잘 배합시킨 독특한 성으로서 방어적 기능이 뛰어난 특징을 가지고 있다'고 평가받았다. 성벽 안에는 4개의 성문이 있으며 모든 건조물이 각기 모양과 디자인이 다른 다양성을 지니고 있다.

등록 기준에 해당하는 내용을 이해하면 수원산성의 가치를 아는 데 더욱 도움이 되리라 생각된다. 수원 화성은 세계문화유산 기준 (Ⅱ), (Ⅲ)에 해당하는데, (Ⅱ)는 일정한 시간에 걸쳐 혹은 세계의 한 문화권 내에서 건축, 기념물 조각, 정원 및 조경 디자인, 관련 예술 또는 인간 정주 등의 결과로서 일어난 발전 사항들에 상당한 영향력을 행사한 유산에 해당하는 유물에 해당하는 것이고 (Ⅲ)은 독특하거나 지극히 희귀하거나 혹은 아주 오래된 유산에 주는 것을 의미한다.

화성은 사적 제3호로 지정 관리되고 있으며 소장 문화재로 팔달문(보물 제402호), 화서문(보물 제403호), 장안문, 공심돈 등이 있다. 화성은 1997년 12월 유네스코 세계문화유산으로 등록되었다.

축성 후 1801년에 발간된 『화성성역의궤』에는 축성 계획, 제도, 법식뿐 아니라 동원된 인력의 인적 사항, 재료의 출처 및 용도, 예산 및 임금 계산, 시공 기계, 재료 가공법, 공사 일지 등이 상세히 기록되어 있어 성곽 축성 등 건축사에 큰 발자취를 남기고 있을 뿐만 아니라 그 기록으로서의 역사적 가치가 큰 것으로 평가되고 있다.

화성은 우선 성의 기능이 뛰어나며, 성문의 구조와 모양이 각기 달라 한국의 미적 수준을 가늠하는 데 중요한 역할을 한다. 우리나라의 국보 1호인 남대문이나 보물 1호인 동대문이 서울의 정문 역할을 하면서 건축미가 뛰어나다고 평가하지만 수원 화성의 빼어난 몸매는 잘 다듬어진 미술 작품을 떠올리게 한다. 남대문과 동대문이 한국 건축의 정형성을 가지고 있는 반면 수원 화성의 성문은 다양한 변형을 통해 정형성보다 한 단계 위의 아름다움을 지니고 있다.

화성은 조선왕조 제22대 정조가 인간적인 고뇌와 백성을 생각하는 애민사상에서 출발하여 계획한 치밀한 구조적 특성을 가진 성이다. 대부분의 천도가 위정자의 이해와 권위를 보장하기 위하여 이루어지지만 수원 화성은 다르다. 아버지에 대한 효심과 나라를 좀먹는 탕평의 일환으로 계획되고 축성된 것이란 점에서 남다르다.

백성에 대한 근심과 걱정으로 한 나라의 왕이면서도 일식삼찬 이상을 수라상에 올리지 못하게 하였고 삼베옷을 즐겨 입었다는 정조의 굳은 의지가 반영된 축성이다.

선왕인 영조의 둘째 왕자로 세자에 책봉되었으나 당쟁에 휘말려 왕위에 오르지 못하고 뒤주 속에서 생을 마감한 아버지 사도세자. 아버지의 죽음을 보며 할아버지인 영조에게 울면서 아버지를 살려달라고 애원했던 정조로서는 아버지에 대한 생각이 남달랐다. 그러한 연유로 어머니에 대한 효심이 각별했음도 작용한다.

아버지 사도세자의 능침을 양주 배봉산에서 조선 최대의 명당인 수원의 화산으로 천장하고 화산 부근에 있던 읍치를 수원의 팔달산 아래 지금의 위치로 옮기면서 축성되었다. 왕의 효심이 크게 작용했지만 숨은 뜻이 따로 있었다. 할아버지이면서 아버지를 죽인 영조를 정조는 지워버리고 싶었다. 그러한 흔적이 여러 군데서 보인다. 정조는 왕위에 오르면서 첫 말이 이것이었다.

화성 방화수류정 수원 화성에서 가장 아름다운 공간으로, "꽃을 찾고 버들을 쫓는 정자"라는 뜻이다.

나는 사도세자의 아들이다.

죽어서도 아버지를 아버지라 부르지 못한 정조로서는 모험적이고 도전적인 발언이었다. 할아버지를 주축으로 권력은 반백년, 52년을 이어왔다. 자신은 왕에 올랐지만 정치 기반이 없었다. 절반 이상이 정적인 것처럼 보이는 상황에서 자신의 아버지가 사도세자라고 일성을 던진 것은 도발이었다. 정적을 향해 "해볼 테면 해봐라."라고 말하는 것과 같았다. 지금부터 할아버지 영조의 측근들은 내리치겠다는 것이었다. 도전은 시작되었다. 양측이 다 죽기를 각오해야 하는 살벌한 대결이었다.

할아버지 영조의 52년간 통치가 막을 내리자 새로 등극한 젊은 왕 정조는 강력한 왕권 구축을 시작하였다. 아버지 사도세자의 사건도 당파의 권력 쟁탈에서 비롯되었다고 생각했다. 그러한 위험을 해결하기 위한 방법으로 탕평을 염두에 두었다. 그 방법의 구체적인 방법의 하나로 왕권 확립을 구체화하려 했다. 기득 세력을 누르고 신진 세력을 기용하여 세력이 편중되는 것을 막았다.

재정적 뒷받침과 군사력도 필요했다. 명분은 아버지의 곁으로 가는 것이었지만 한양을 근거지로 하여 이상을 실현하기는 쉽지 않았음을 직감한 정조는 새로운 뜻을 펼 새 거점이 필요했다. 시대를 앞서간 신도시 건설의 발상은 바로 이러한 시대적 배경과 왕의 의지 아래 출발했다.

화성은 군사 시설이라고 하기에는 너무 아름답다

화성은 규장각 문신 정약용이 동서양의 기술서를 참고하여 만든 『성화주

략』을 지침서로 하여, 재상을 지낸 영중추부사 채제공의 총괄 아래 조심태의 지휘로 1794년 1월에 착공에 들어가 1796년 9월에 완공하였다. 놀라운 속도로 지어진 화성이었다.

기초 공사를 하면서 작업한 분량에 따라 노임을 주도록 하여 일의 성취도를 높이고자 하였고 자재 운반의 효과를 높이기 위해 수레를 새로 고안하고 수레가 다닐 공사용 도로를 낼 것을 제안하였다.

무엇보다 거중기라는 새로운 장치를 고안하여 작업 능률을 높이고자 한 것은 그 가운데서 가장 돋보이는 발상이었다. 여기에는 천재적인 신진 학자 정약용의 공로가 무엇보다 컸지만, 그 뒤에는 당시 조선의 어느 학자보다도 깨어 있었던 정조의 존재가 커다란 후광으로 빛을 발하고 있었다.

화성은 축성 시의 성곽이 거의 원형대로 보존되어 있다. 도로를 관통시키기 위해 헐린 것을 제외하고는 아직도 기능을 수행하고 있어 흥미롭다. 북수문인 화홍문을 통해 흐르던 수원천이 현재에도 그대로 흐르고 있고, 팔달문과 장안문, 화성행궁과 창룡문을 잇는 가로망이 현재에도 도시 내부 가로망 구성의 주요 골격을 유지하고 있다. 그러면서도 전쟁에서 생존하기 위해 지어진 건축물이 이렇게 아름다워도 되는가 할 만큼 미감이 빼어나다.

200년 전 성의 골격이 도시의 기능축의 핵심 역할을 하고 있다는 것은 우리나라의 경우로서는 드문 경우로 반갑기 그지없다. 우리나라 유물이 거의 남아 있지 않는 가장 큰 요인은 임진왜란과 6.25같은 전쟁이었지만 목조와 석조의 차이에서 먼저 그 원인을 찾는 것이 맞을 듯하다. 그 많은 절은 없어졌지만 석탑은 절터에 남아 전하는 것만 보아도 그것을 느낄 수 있다.

화성 장안문 화성의 북문으로 정문이라고 할 수 있다. 항아리 모양의 옹성으로 아름답고 과학적인 방어 성문이다.

석조는 부분 파손되지만 목조는 전부가 타버리는 특수성 때문이다.

수원 화성은 조선 시대 '성곽의 꽃'이다. 화성의 조성 기간은 우리의 인식을 훨씬 뛰어넘는 공사 기간이다. 국왕의 염원 사업이라고 하더라도 너무 짧다. 1794년부터 2년 반 걸려 1796년 완성되었으니 실로 짧은 기간에 거의 완벽에 가까운 성을 만들어낸 것이다.

수원 화성은 물론 행궁과 관아들이 새로 지어진 대단위 건설이었음에도 당대의 기술로 빠르게 지은 것은 건축 기술에서 찾아야 한다. 신도시 하나를 새로 만드는 거대한 사업을 실제로는 2년도 안 되는 기간에 지은 것이다. 임금을 못 주어 공사를 중지한 것까지 하면 더욱 그렇다.

정조는 아버지 묘를 명당의 자리로 모시는 것이 염원이었다. 대신 영조의 묘는 그리 풍수상 좋지 않은 곳에 모신다. 그만큼 정조는 할아버지 영조에 대한 애증을 함께 가지고 있었다. 어쩌면 증오가 더 가까운 본심이었는지도 모른다.

대신 아버지 사도세자의 묘를 명당 자리로 이장하려 했다. 마침 후보지로 수원 고을 뒷산, 지금의 화산이 정해졌고, 기존의 수원은 현재의 위치인 팔달산 아래로 옮긴다는 계획을 세웠다.

화성의 건축은 크게 나누어서 둘로 살필 수 있다. 우선 실체로서의 화성을 들 수 있고, 이상을 구현한 관념적이면서 행정 기구인 화성이다. 화성 행궁이 들어감으로써 화성의 건축을 더욱 주목받게 하였다. 화성의 건축은 과거의 축성 제도를 보완한 절정기의 축성 건축이다. 행궁의 건축은 기능적이면서 아름답게 짓고자 했던 의도가 엿보인다. 자연의 지세를 그대로 활용하면서도 법식을 잃지 않았다.

예를 들어 행궁의 거의 모든 건물은 팔달산의 동쪽에 의지하므로 동향할 수밖에 없었다. 그러나 객사만은 그 제도의 특성으로 남향했다. 수준 높은 화성의 건축 이면에는 당시의 뛰어난 문화적 능력이 있어서 뒷받침되었다. 그래서 건축은 시대를 반영한다고 볼 수 있다.

화성은 외적의 방비상 가장 효과적인 성이라고 볼 수 있다. 생활 근거지에서 멀지 않고 대개는 평화로울 때 축성하여 전시에 효과적으로 사용해 왔다.

그러나 화성은 공격용이라기보다는 수비용이어서 적군을 유인해야만 전투에 승리할 수 있는 단점이 있다.

북문을 장안문, 남문을 팔달문, 서문을 화서문, 동문을 창룡문이라고 지었다. 장안문이 정문이다. 성문에는 각기 옹성을 쌓았다. 성문 밖으로 둥글게 겹으로 성벽을 쌓은 것이다. 그리고 네 군데 성문 외에 다섯 곳에 암문을 내었다. 암문은 일종의 비밀 출입구이다.

한편 북에서 남으로 흐르는 개천 위에는 각기 북수문과 남수문을 세웠다. 특히 북수문 위에는 화홍문 누각을 올렸다. 일반적으로 옹성의 출입구는 두 문이 일직선상에 올 때 밖에서 성안이 들여다보이는 것을 막기 위해 한쪽 편에 치우친 곳에 내어 성문과 옹성문이 일직선상에 놓이지 않게 하는 것이 보통이다.

장안문과 함께 팔달문은 일직선상에 놓이도록 하였는데, 이는 『화성의궤』에 의하면 '사통하고 팔달한다는 뜻을 따서 일직선상에 놓이도록 하였다.'고 하여 수원성이 단지 안을 지키기 위해서만이 아니라 사방팔방으로 길이 열리고 뚫리는 개방적인 성임을 알 수 있다.

화성 봉돈 낮에는 연기, 밤에는 불을 피워 신호를 보냈다. 남쪽 첫 번째 화두부터 시작하여 평상시에는 밤낮으로 봉수 1개를 올리고, 적군이 국경 가까이 나타나면 봉수 2개, 국경에 이르면 3개, 국경을 침범하면 4개, 전투를 시작하면 봉수 5개를 모두 올렸다.

북문과 남문 좌우에는 각기 대칭으로 적의 동태를 감시하고 성벽에 접근하는 적을 측면에서 공격할 수 있도록 적대를 놓았다. 높은 위치에서 바깥 적의 동정을 살피고 성안의 군사에게 밖의 사정을 알릴 수 있는 노대도 서쪽과 동쪽에 하나씩 두었다. 아울러 바깥을 멀리 감시하는 망루 역할을 하는 공심돈도 세 군데 만들었다.

서북 공심돈은 우리나라에 유일하게 조성된 예로서 수원성을 인상깊게 하고 수원성 축조를 주도한 18세기 지식인들의 정신세계를 가장 상징적으로 대변하는 건물이다.

밖을 감시하는 시설 외에도 인근 지역의 성이나 군사 초소와 긴급 시 연락할 수 있도록 봉돈도 하나 세웠다. 다섯 개의 연기통을 만들어 연기가 올라가는 숫자에 따라 전달하는 의미가 다르도록 한 통신 시설이었다.

그 밖에도 성벽을 밖으로 돌출시켜 성벽에 접근하는 적을 공격할 수 있도록 한 치성을 여덟 군데, 군사가 몸을 숨길 수 있는 건물로 된 포루를 다섯 군데, 대포를 쏘도록 만든 포구가 다섯 군데였다. 성의 서쪽과 동쪽에는 군사를 지휘하는 장대가 있어서 서장대, 동장대라 하였다. 성벽 모서리마다 사방을 내다볼 수 있는 누각인 각루도 다섯 군데 세웠다. 이제껏 이처럼 많은 방어시설을 갖춘 성곽은 없었다.

공심돈, 노대 같은 것은 이제까지 한 번도 시도해 보지 않은 새로운 시설이다. 이 가운데 옹성이나 공심돈, 봉돈, 포루는 모두 벽돌로 쌓았다. 각은 배제하고 원을 적극 수용한 화성은 건물마다 하나의 독립된 작품을 이루고 개성을 부여해서 미적 효용성을 한껏 발휘했다는 점이 특이하다.

경복궁의 경우를 보면 서울의 4대문인 숭례문, 흥인지문, 돈의문, 숙정문의 모양이 비슷하다. 그러나 화성의 문들은 저마다의 기쁨으로 서 있는 듯 독창적이고 아름답다. 성문에 이처럼 미학적인 고려를 한 민족은 많지 않을 것이다.

장안문은 화성의 북문이면서 정문에 해당된다

한국의 건축물이 대부분 나무로 만든 목조 건축물인 반면 화성은 화강암의 남성적인 투박함과 거친 맛이 목조와 어울려서 새로운 미감을 만들어낸다. 이때 더욱 사람의 눈을 사로잡는 것은 곡선의 도입이 향기롭기까지한 점이다. 적의 접근을 막는 역할은 기능적인 면도 있지만 미학적인 면에서 우리의 문화적인 기쁨을 보여주고 있다.

수도인 한양에서 화성으로 들어오는 관문으로서의 장안문은 이름에 걸맞게 그 위용이 자못 당당하다. 화강석을 정교하게 다듬어서 커다란 무지개 문을 만들었고, 서울의 숭례문과 비슷한 크기와 너비를 확보했다. 중국의 만리장성이 거친 산세에 우뚝 서 위용을 자랑하지만 화성은 여성스러운 부드러움을 받아들여 친근함으로 정감을 불러일으킨다. 평성이지만 산을 일부 끼고 돌아 산성적인 요소도 있다.

화성의 장안문은 옹성甕城이나 적대敵臺 등의 보완 시설을 받아들였다. 옹성은 항아리를 반으로 자른 모습으로 성문을 밖으로 한 번 감싸 안았다. 이는 이 시기의 다른 성에는 없는 한층 진보된 성문의 특징을 보인다. 이층 문루의 바깥쪽 판벽板壁에는 짐승의 얼굴을 그려 놓았다. 더욱이 짐승 얼굴의 코에 해당하는 부분을 오려내어 총구로 삼았으니 공포감을 불러일으키려 한 것이 아닌가 짐작된다.

그리고 반대쪽인 안쪽 판벽에는 태극 문양을 그려서 태극 사상으로 단결을 꾀하고자 했다. 장안문은 그 자체로도 견고한 시설물이지만 옹성을 둘렀고, 문 좌우로 적대까지 세워 수비에 만전을 기했다.

옹성은 성의 바깥에서 안이 들여다보이는 것을 막는 기능도 있지만, 전쟁이 일어났을 때 적군이 성문을 쉽게 부수지 못하게 하는 기능이 더 크다. 즉 적군들이 커다란 통나무로 성문을 들이쳐 부수고자 할 때 도움닫기를 하지 못하게 하는 것이다. 게다가 옹성 위에 군사가 들어 있고 성문으로 통하게 되어 있으니, 만약 옹성 안으로 적군이 들어오게 되면 독 안에 든 쥐꼴이 되고 만다.

화성 장안문의 옹성 출입구는 성문과 일직선상에 놓였다. 이전의 제도에서는 볼 수 없던 방법이다. 자신감의 표현일 것이고, 적군들의 기세를 꺾어 놓는 한 방편이다.

다른 성문들의 예에서 보아왔던 옹성이 아니고 정문과 마주 대한 옹성의 문은 적군으로 하여금 성 안에 강력한 군대가 있을 것이라는 공포감을 불러일으키게 한다.

성문의 취약성을 옹성이 보완하고, 옹성 출입문의 취약성은 옹성문 위에 오성지를 둠으로써 해결하려 했다. 오성지는 적군들이 옹성문에 섶을 쌓아 불을 지를 경우 말구유처럼 생긴 물통의 물을 다섯 개의 물구멍으로 흘려서 옹성문을 보호할 수 있는 장치이다.

옹성의 문루에서 북쪽을 바라보면 어두운 곳에서 밝은 데를 바라보기 때문에 잘 보인다. 반대로 성 밖의 사람들은 옹성의 문루에 사람이 잘 보이지 않도록 구성된 치밀함을 보인다. 벽돌로 견고하게 쌓은 옹성은 일직선이라 아니라 반원형이라 성 안에서 측면 공격을 용이하게 만들어진 것도 계획에 의해 지어졌음을 확인할 수 있다.

장안문은 제일선에 옹성이 둘러치고, 옹성은 좌우에 버티고 서있는 적대가 지키고, 옹성의 문은 불을 끄기 위해 마련된 오성지가 지키게 되어 더욱 견고한 성이다.

이러한 여러 가지 기능적 보완은 임진왜란 이후 성의 기능을 강화하기 위해 여러 학자들이 주장한 바를 실천에 옮긴 결과이다. 특히 실학파 학자들의 적극적인 제안이 많은 영향을 끼쳤다.

수원성은 가장 과학적이고도 아름다운 성이다

정조는 수원 행차 시에 아버지 사도세자를 죽이려 한 영조의 측근이었던 신하와 얼굴 마주치는 것이 싫어 다른 길을 택하기도 했다. 정조는 강경함과 유약함을 함께 지닌 군왕이었다.

국정을 돌봄에 있어서는 굳건한 중심을 가지고 있었던 반면 감성은 여린 면을 가지고 있었다.

수원성 축조 시에도 부역에 참가하는 백성들에게 돈을 지불했다 하니 그 성품을 헤아릴 수 있을 듯하다. 신하들의 반대에도 불구하고 정조는 백성들에게 이주비를 주고, 노임을 지불했다. 정조다운 면을 읽을 수 있는 또 다른 면이다. 화성을 지음으로 해서 쫓겨나는 백성을 위해 이주비를 지급하고 화성 축조에 참가한 사람들에게 노임을 준 것은 정조 이전에 없었고 정조 이후에도 없었다. 백성을 사랑한 정조의 늠름함은 대왕이라는 칭호가 아깝지 않다.

정조는 조선의 제 2 문예부흥기를 가져올 만큼 학문 분야뿐만 아니라 과학 등의 발전에 공헌을 했다. 많은 젊은 학자들을 발굴하여 학문 발전에 이바지하게 했다.

그리고 곳곳의 건물에서는 조선 건축의 냄새가 물씬 풍긴다. 정약용의 치밀한 성격이 드러나는 듯하다. 건축 기간이 빨랐던 것은 당시의 과학적인 발전과 의욕적인 정조의 추진력에 기인한다.

팔달문은 수원성의 남문으로 형태면에서 장안문과 거의 같다. 성문의 문루를 떠받치는 기초 시설 성문의 육축陸築은 일반 성벽과 달리 안팎을 석재로 쌓아 올리는 협축 방식으로 두껍고 높게 축조했다. 육축에 쓰인 돌은 일반 성돌보다 규격이 큰 무사석을 사용하고 중앙에 홍예를 냈다. 팔달문은 장안문과 함께 성문 앞에 또 한 겹의 성벽을 쌓아서 문을 보호하는 시설인 옹성을 육축과 달리 벽돌로 쌓아 적의 포에 한번에 무너지지 않도록 대비하였다. 모양이 독을 반으로 쪼갠 것과 같다고 하여 '항아리 옹' 자를 넣어 옹성甕城이라고 하였다.

수원성 북에서 남으로 관통하며 흐르는 개천이 있는데 이를 대천이라 불렀다. 개천이 성안으로 들어오고 나가는 곳에는 각각 수문이 설치되어 있다. 이것이 북수문과 남수문이다.

수문은 여러 개의 아치로 된 다리와 같은 모양을 하고 있는데, 아치의 밑부분은 마름모꼴로 비스듬히 다듬어 물길이 순조롭게 갈라질 수 있도록 세심한 배려를 했다.

화성 공심돈 화서문 공심돈은 성곽 주위와 비상시에 적의 동향을 살피기 위한 망루이다. 화성에 처음 적용하였다.

특히 북수문 주변은 연못과 누각이 어우러져 경관이 아름다워, 이를 감상할 수 있게 수문 위에 화홍문이라는 누각을 세운 것이 눈길을 끈다. 화홍문의 입구 좌우에는 돌로 만든 해태를 세워 방어의 뜻을 담았다.

장대는 서장대와 동장대 2개소가 있다. 서장대는 팔달산 정상에 위치하는 군사 지휘 본부로 일명 화성장대로 불리운다. 화성 축조 당시에 세워진 2층의 대위에 누각이 있고 노대 옆에는 군무소가 있었다. 서장대에 오르면 성 전역을 굽어 살필 수가 있고 사방 100여 리가 한눈에 보이는 높은 위치이다. 서장대는 수원 시내 어디서나 보이는 곳에 위치해 있어 화성을 대표하는 상징물로 알려져 있다.

봉화는 성 주변을 정찰하여 사태를 알리는 통신 역할을 하는 시설이다. 봉돈에는 다섯 개의 커다란 연기 구멍을 두어 신호를 보낼 수 있도록 하고 있다.

성 주변에 아무런 이상이 없는 평상시에는 남쪽의 첫째 것만 사용했다. 봉돈에는 불 붙일 재료가 언제나 준비되어 있었다. 특히 이리나 늑대의 똥은 빗물에 젖어도 잘 탈 정도로, 봉돈에 없어서는 안 될 중요한 재료였다. 밤에는 불로, 낮에는 연기 신호로 성 주변의 사태를 전달했다.

정조로부터 수원성 축성의 명을 받은 이는 젊은 학자 다산 정약용이었다. 당시 다산의 나이 31세, 그는 혼신의 노력을 기울여 당시 조선의 도시가 원하는 가장 이상적인 성곽의 모습을 그려내기 시작했다. 우리의 성과 중국 그리고 유럽 성의 장단점들을 고려하여 성의 둘레와 높이 등 성벽의 규모와 성벽을 쌓을 재료를 정하고, 축성 과정에 있어서 전혀 새로운 차원의 개념을 시도하였다.

우선 작업 과정에서 인부들이 일정한 작업량에 따라 임금을 받을 수 있도록 하여 작업 능률을 올릴 것을 생각하였고, 자재를 운반하는 새로운 수레와 거중기라는 돌을 들어 올리는 첨단 기계까지 고안해냈다. 우선 성의 규모는 전체 둘레를 약 3,600보步로 잡았다. 보는 걸음의 단위로 한 보를 요즘 단위로 계산하면 약 1.2미터 정도 된다.

수원성은 가장 과학적이고도 아름다운 성이다. 과학과 예술이 만나 한층 한국미를 빛낸 성으로 아직도 우리 앞에 건재하다.

고·화순·강화 고인돌 유적

세계에서 가장 많은
고인돌이 밀집되어 있는 나라, 한국

죽음은 삶의 가장 가까운 이웃이다. 생명을 가진 사람은 늘 옆에 죽음을 두고 살아간다. 삶과 죽음은 단절된 것이 아니라 연속적인 것이다. 죽음은 삶의 뒷모습이기 때문에 죽음이 아름다우려면 삶을 아름답게 마무리해야 한다.

고인돌은 지석묘支石墓라고도 하고 돌멘dolmen이라고도 한다. 고인돌은 평평한 바위를 몇 개의 바위로 괴어 놓은 고대의 거석 구조물이다. 아시아와 유럽, 북아프리카에 6만여 기 정도가 분포하며, 숫자상으로 한국에 남·북한을 합쳐 4만 5천 기 정도로 절대적으로 많다.

한국은 고인돌의 나라이다. 고인돌은 큰 돌을 괴어 놓는 굄돌에서 유래한다. 한반도에서 현재 확인된 고인돌 수는 북한에 1만 5천 기, 남한에는 3만여 기가 발견되었는데 전남 지방에만 2만여 기가 분포되어 있다는 것이 특색이다. 고인돌 중 특히 우리나라의 강화도, 화순, 고창 지역의 고인돌은 유네스코 세계유산으로 등재되어 있는 중요한 문화유산이다. 이집트의 피라미드처럼 크지 않지만 거석문화의 하나이다. 우리나라가 세계에서 가장 많은 고인돌이 있는 나라인 것만으로도 다시 한 번 귀가 쫑긋해진다. 분포 면적이나 밀집도에서 한국은 세계에서 단연 고인돌의 중심지이다.

죽음의 무게는 무겁지만 영혼은 가벼워서 날아가 버릴 것만 같다. 날아가지 못하도록 돌로 눌러놓는 의식은 깊다. 떠나는 자는 누구를 기다릴까. 이별 없는 만남은 지상에는 없어서 슬프다. 그리움은 같이 있지 못하는 부재에 대한 아련한 마음이다. 죽음은 가장 막막한 이별 의식이다. 다시는 만날 수 없는 궁극적인 이별이어서 가슴이 먹먹해질 만큼 아프다. 고인돌이 있는 강화도와 고창 그리고 화순은 눈물이 고드름처럼 투명하게 일어서는 이별의 현장이다.

고인돌은 권력 집중 현상이 일어나면서 생겨난 무덤이다. 전쟁이 발생하면서 남성의 육체적인 힘을 필요로 함에 따라 투사들이 권력을 잡는다. 여성 중심 사회에서 남성 중심 사회로 변화하면서 개인의 권력과 재산이 증대한다. 남성은 권력과 재산을 자신의 자식에게 넘겨주고 싶어 한다. 자신의 유전 인자를 그대로 받은 자식에게 넘겨주기 위해서는 일부일처제가 필요했다.

여성에게 정조 강요는 여기에서 출발한다. 여자가 바람을 피워 다른 남자의 유전자를 받아 아이를 낳으면 남의 자식이다. 권력과 소유에 대한 집착이 일부일처제의 결혼 제도를 탄생시킨 것이다. 일부일처제는 청동기 문화가 일어나던 때에 발생하기 시작했다. 집단이 커지면서 권력이 커지고 세습이 이루어지기 시작하였다. 고인돌의 크기는 권력자의 죽음 의식에서 동원된 사람들의 수에 따라 결정되었다.

고인돌을 북방식, 남방식으로 분류하기도 하나 그것은 지역적 구분이다. 일반적으로 고인돌은 모양에 따라 탁자식, 바둑판식, 개석식, 위석식 등으로 분류하고 있다. 탁자식은 탁자 모양으로 생겼다 하여 탁자식이다. 고인돌은 네 개의 판석을 세워서 장방형의 돌방을 만들고 그 위에 거대하고 평평한 돌을 뚜껑돌로 올려놓는다. 유해가 매장되는 돌방을 지상에 노출시키고 있는 것이 뚜렷한 특징이다. 북한 지역에서 많이 보이는 형태라 북방식이라고도 한다.

고인돌 유적지 강화 선사 시대의 움집. 표고 280m의 높은 곳까지 고인돌이 분포하고 있는 점이 특징이며 탁자식 고인돌이 주류를 이루고 있다.

    남쪽에서 많이 발견되어 남방식이라고 불리는 바둑판 모양의 고인돌을 바둑판식이라고 한다. 남방식 고인돌은 매장 시설의 주요 부분이 지하에 설치되어 있는 것으로 우선 매장 시설이 지상에 있는 북방식 고인돌과 형태상으로 구분된다. 남방식 고인돌은 판석, 할석이나 냇돌을 사용하여 지하에 돌방을 만들고 그 위에 거대한 뚜껑돌을 올려놓은 것으로, 청동기 시대에서 초기 철기 시대에 걸쳐 유행한 거석 분묘이다. 남방식 고인돌은 크게 받침돌이 있는 것과 없는 것으로 나누어진다. 남방식은 주로 전라도, 경상도 등 한강 이남 지역에 분포되어 있다. 고창에 분포된 고인돌은 대개 남방식 고인돌이다.

개석식 고인돌은 지하에 만든 무덤방 위에 바로 뚜껑으로 덮은 형식으로, 한반도 전역에 분포되어 있다. 받침돌이 없이 바로 무덤방을 덮은 것에서 개석식을 무지석식, 뚜껑식, 구덩식 대석개묘 등이라고도 한다. 개석식은 제단적인 기능을 가지기도 한 탁자식이나 기반식과는 달리 무덤의 기능을 갖고 있다. 한반도 전역에 분포하고 있으며 주로 북쪽에 많이 분포한다. 양적인 면에서도 대다수를 차지하고 있어 한국 고인돌의 주류를 이루고 있다.

위석식 고인돌은 지상에 드러나 받침돌이 덮개돌 아래를 돌아가면서 그 자체가 무덤방을 이루는 형식이다. 이 형태는 지상에 받침돌이 노출되어 마치 기반식과 같은 형태를 한 것과 덮개돌 아래에 판상석으로 돌려서 탁자식처럼 보이는 것이 있다.

이 받침돌은 덮개돌을 받치고 있으며 매장 주체부와 분리시켜 주고 있기 때문에 하부 구조가 파괴되는 것을 방지해 주는 역할을 하고 있을 뿐 아니라 외형적으로 덮개돌 아래에 6~12매가 돌려져 있는데 받침돌은 잇대어 놓은 것과 받침돌 아래를 작은 돌로 쌓은 것이다.

고인돌의 주인공과 고인돌 만들기

고인돌을 만드는 과정은 단순하지만 영원한 이별 의식이다. 떠나는 자와 남은 자의 아픔을 기념하여 지상에 큰 돌을 세우는 의식은 거룩하다. 하늘과 땅을 잇는 의식처럼 지상과 천국을 잇는 장소였을 것이다. 또한 슬픔의 현장이어서 준엄하고 엄숙하게 거행되었을 것이다. 한 사람이 태어나기 위해서는 하늘이 문을 열어주어야 가능하다고 한다. 태어난 이유는 누구에게나 있다. 사명을 가지고 태어났다. 다만 잊고 있을 뿐이다.

눈을 감고 깊은 침묵 안에서 자신에게 태어난 이유에 대하여 가만히 물어보라. 사랑하는 사람을 만나 꿈꾸는 듯한 행복에 젖어 보고 싶어 태어나기도 했고, 봉사와 배려로 어려운 사람을 돕기 위하여 태어나기도 했다. 어떠한 인생도 남을 해치거나 피해를 주기 위하여 태어난 인생은 없다. 거룩하고 아름다운 일생의 과업을 완수하고 가기를 원하지만 육체의 욕망에 사로잡혀 마음이 가고자 하는 길을 버리고 만다. 죽음은 삶의 거울이다. 환한 웃음으로 죽음을 맞기도 하지만 거칠게 죽음에 저항하기도 한다.

한 사람이 이 세상을 하직하는 것도 하늘이 허락해야만 가능하다. 할 일을 다 마친 후 인정을 받아야 비로소 죽을 수 있다. 이따금 일정에 없는 죽음을 만나기도 하지만 생사 의식은 하늘과의 약속이다. 그래서 한 사람이 떠나가는 현장에는 많은 사람들이 모여 죽음을 애도한다. 지상의 장소에서는 더 이상 만날 수 없어서이다. 태어난 자는 할 일을 마무리하면 가야 한다. 그 가야 할 세계가 죽음의 세계이다. 삶을 잘 산 사람은 죽음의 모습도 아름답다. 고인돌의 주인공은 아름다운 삶을 산 사람일 것이다. 고인돌은 낮은 지대의 편안하고 포근한 곳에 자리하고 있다.

지상에 한 사람의 죽음을 기념하기 위한 기념물의 재료로는 돌이 사용된다. 고인돌은 보통 무덤으로 알려져 있지만 무덤 이외에도 묘표석, 제단, 신앙의 대상 등의 기능을 하기도 했다.

묘표석은 묘역을 상징하는 기념물로서 무덤방이 없고 묘역의 특정한 곳에 위치하고 있어 묘역을 표시하는 기능을 한다. 제사를 지내는 제단 역할을 하기도 했다. 무덤방이 없는 고인돌에서 주로 보이며 위치가 돋보이고, 규모가 크다는 특징적인 면이 있다. 또는 신앙의 대상으로 삼기도 했다. 시신을 매장하고 고인돌을 축조하는 등 죽은 이에 대한 모든 행위는 일종의 신앙이다. 이러한 신앙 행위를 위해 대규모의 덮개돌을 사용했고, 종교적인 문양을 새기기도 하였다.

돌은 지상에 있는 것들 중에서 단단하고 변하지 않는 재료이다. 영원으로 떠난 자를 기념하기 위해서는 이보다 좋은 재료는 없다. 깊은 침묵에 든 바위나 암석은 어느 모로나 죽은 자의 의식에 쓰이는 재료로 적격이다.

고인돌을 만드는 과정에서 가장 어려운 점은 무거운 돌을 옮기는 작업이다. 돌의 크기는 권력이나 명예 또는 경제력의 크기라고 할 수 있다. 고인돌의 생성 시기를 청동기 시대로 보지만 발굴 작업에서 나온 부장품이나 연대를 확인해 보면 선사 시대까지 거슬러 올라간다. 때로는 철기 시대의 초기의 것들도 발견되기도 한다. 그만큼 고인돌의 역사는 오래되었고 생각보다는 가까운 연대에까지 이어져 내려온 풍습이다. 고인돌은 한민족의 상징물 같은 것이기도 하다.

고인돌은 공동 작업에 의하여 만들어진다. 우선 장소 선정이 필요하다. 고인돌은 평지, 구릉, 산기슭 등에 입지하는데 주로 덮개돌을 구하기 쉬운 바위나 암벽이 있는 산 주위나 강가에 많다. 장소를 선정하고 나면 돌을 떼어내야 한다. 암벽에서 덮개돌을 떼어내는 데는 바위틈이나 암석의 결을 이용하여 인위적인 구멍을 파고, 이 구멍에 나무 쐐기를 박아 물을 부어 채운다. 나무를 물에 불리면 부피가 늘어나게 되어 암석이 갈라지면서 떨어진다.

  가장 힘든 작업이 큰 돌을 운반하는 작업이다. 큰 돌을 운반하려면 많은 사람과 지혜가 필요하다. 마을 전체나 공동체 전체가 나서서 해야 가능한 일이다. 마찰력을 줄이기 위하여 바퀴의 원리를 이용하였다. 통나무를 잘라 돌 밑에 넣어 굴러가도록 하였고 지렛대를 이용하여 돌을 움직일 수 있도록 했다. 큰 돌을 끌 줄도 필요했다. 집채만한 돌을 묶어서 끌기 위해서

고인돌 제작 방법 고인돌을 이동시킬 때 가장 많은 인력을 필요로 한다. 줄을 만들어 끌고 밑에는 나무를 놓아 마찰력을 줄였다.

는 보통 줄로는 불가능하다. 고인돌을 만드는 일은 공동체의 중요 행사로서 공동체의 화합과 단결이 필요하다. 탁자식 고인돌을 만드는 방법은 이렇다.

받침돌 역할을 할 돌감을 판 구덩이 속에 밀어 넣은 다음 받침돌이 흔들리지 않게 작은 돌로 옆을 가득 채워 튼튼히 다진다. 받침돌 2개를 똑같은 높이로 세운 후 받침돌이 파묻힐 만큼 흙으로 언덕을 만든다. 언덕의 경사를 따라 둥근 나무를 밑에 깔고 덮개돌을 끌어 올린다. 밀고 끌어서 올린 덮개돌을 받침돌 위에 놓은 다음 받침돌까지 파묻었던 흙을 치운다. 고인돌의 골격이 완성된 것이다. 다음으로 주검을 받침돌 사이에 넣고 앞뒤의 트인 부분에 막음돌로 받침돌의 양쪽을 막으면 고인돌이 완성된다. 죽은 자의 집이다.

그러면 고인돌의 집주인인 묻힌 자는 누구인가. 출토 유물로는 특수 계층에서 사용된 것으로 추정되는 비파형동검, 청동도끼, 곱은옥, 대롱옥 등이 있다. 붉은간토기, 가지무늬토기, 나무열매나 곡물의 껍질을 벗긴 갈돌과 갈판, 곡식의 이삭을 자르는 반달돌칼, 나무를 자르거나 가공할 때 쓰는 돌도끼, 돌자귀, 돌끌 등이 출토되기도 한다.

이 외에도 옷을 만드는 데 쓰는 가락바퀴, 고기잡이에 이용한 그물추, 신분의 상징물로 이용되었던 간돌검이 출토되었다. 또 돌화살촉은 간돌검과 함께 출토되는 경우가 많은데 여러 점이 한꺼번에 나오는 것이 특징이다.

유물을 통하여 농사를 지었고 고기를 잡아먹었으며 옷을 지어 입었음을 확인할 수 있고, 수렵 생활도 병행했음을 알 수 있다. 비파형동검을 통해 권력 구조도 생겨 다스리는 자와 다스림을 받는 자가 있었음을 볼 수 있다.

고인돌은 대부분 우리나라에 고구려, 백제, 신라, 가야 같은 나라들이 생겨나기 이전에 이 땅에 살던 사람들이 남겨 놓은 유적이다. 그들은 공동체를 이루어 움집을 짓고 살았으며, 농사를 지으면서 정착 생활을 시작하였다.

고인돌은 10톤 미만의 작은 것에서부터 100톤이 넘는 대형까지 다양하다. 큰 돌을 중장비 없이 옮길 때 필요한 인력을 상상해 보면 그 사회의 인구가 적어도 수천 명 정도로 추정된다. 남자 노동력 300여 명이 동원된 고인돌 사회는 적어도 1500명 정도의 인구로 구성된 집단이라고 할 수 있다.

우리나라의 고인돌은 북쪽에서부터 제주도까지 분포한다. 북쪽에서 남쪽으로 올수록 굄돌이 작아지며 현재와 가까운 시대에 만들어졌다. 고인돌은 거석문화의 하나로 영웅을 그리워하는 사람들의 마음을 담은 큰 돌이다. 고인돌은 하늘과 땅이 만나는 장소이며 떠난 사람의 안식처이기도 하다. 오랜 세월을 거쳐 오면서 무덤이라는 사실이 잊혀진 채 아이들의 놀이터나 장독대로 사용하기도 했다. 아직도 민가에 자리잡고 있는 천연덕스러운 고인돌도 있다. 그만큼 친숙하고 편안한 곳에 고인돌이 자리잡고 있다. 동네 사람들의 이야기를 들어 보면 구들장으로 쓰기 위하여 쪼개기도 하고 건축 재료로 사용하기도 했다고 한다.

북방식과 남방식이 만나는
강화도 고인돌 유적지

나는 예전에는 협궤열차가 다니기도 했던 소래를 지나 강화도로 향한다.

그곳은 섬이었지만 다리가 놓여 육지처럼 느껴지고 갯벌이 살아있는 곳이다. 갯벌은 지구의 허파로, 동물뿐만 아니라 수많은 식물들이 살아가는 공간이다. 게와 망둥어의 생명 공간이고 갈대, 칠면초, 나문재, 해홍나물 등의 터전이다. 소래포구는 바다 소금을 만들던 염전과 소금 창고가 아름다웠다. 이제는 추억만 남아 아련하다.

강화도는 세계문화유산으로 등록된 선사 시대의 고인돌과 단군왕검이 하늘에 제를 올리던 마니산의 참성단이 있는 유적지로, 우리나라의 개국과 함께 하는 역사의 고장이다. 지금도 전국체전의 성화 채화지로 지정되어 있다.

고려 시대에는 대몽항쟁 39년간의 도읍지로서 팔만대장경 판각, 고려청자 제작, 금속 활자 주조 등 민속 문화의 황금기를 꽃피웠다. 우리 역사에서 섬이 수도였던 적은 이때가 처음이자 마지막이었다. 강화도는 새로운 문물이 들어오는 창구이기도 했고 민족 수난의 현장이기도 했다.

이후 조선 시대 정묘호란과 병자호란이 일어난 때에는 인조가 피난하려다 강화도까지 못 가고 남한산성으로 피난했다. 조선 말기에는 대원군의 쇄국정치와 천주교의 탄압으로 빚어진 프랑스 함대의 침입 사건인 병인양요, 그리고 신미양요 그 후 운양호 사건으로 강화도 조약 체결 등 외세 열강의 침입에 의연히 맞서 싸웠던 국난 극복의 현장이기도 하다.

강화도는 탁자 모양의 북방식 고인돌과 바둑판 모양의 남방식 고인돌이 만나는 지점이다. 강화도에는 고려산을 중심으로 고인돌이 모여 있다. 고려산은 고구려의 연개소문이 태어났다는 전설이 전해지는 산으로, 진달래로 유명하고 가을에는 억새로 알려진 산이기도 하다.

고려산에서 바라보는 석양은 강화팔경 중 하나로 꼽힌다. 제일 먼저 찾아간 곳이 고려산에 있는 부근리 고인돌이다. 죽은 자의 흔적은 사라지고 이제는 죽은 자를 지켜주던 고인돌만 남았다. 부근리에 있는 고인돌은 청동기 시대의 북방식 고인돌이다. 고려산 북쪽 봉우리인 시루메산의 능선 끝자락 부분의 능선 밭 가운데 당당하게 서 있다.

우리나라 중부지역에서는 드물게 보이는 북방식으로 탁자식이다. 북방식으로는 남한에서 가장 큰 규모의 고인돌이다. 뚜껑돌은 길이 710센티미터, 너비 550센티미터나 되는 거석으로 그 밑에 2매의 굄돌이 받치고 있다. 일반적으로 탁자식 고인돌의 구조는 4매의 굄돌로 직사각형으로 석실이라 하는 돌방을 만들고 그 위에 뚜껑돌을 얹어 놓는 방식을 취한다.

부근리 고인돌은 돌방의 짧은 변을 이루는 2장의 굄돌이 없다. 이와 같이 2장의 굄돌이 현재 남아 있지 않는 것은 과거에 없어진 것으로 추정된다. 이 고인돌의 덮개돌은 편마암을 사용하였고 좌측 받침돌은 운모 편암, 우측 받침돌은 화강암질 편마암을 각각 사용하였다. 고인돌을 구성하는 3개의 주축 바위는 각기 다른 석재로 만들어졌다.

측량 결과 덮개돌은 무게가 자그마치 53톤에 이르고, 좌측 받침돌 13톤과 우측 받침돌 9톤을 합치면, 총무게가 무려 75톤에 달한다. 웅장하고 어깨를 편 듯한 늠름한 모습이다. 지상에 살다간 한 사람의 무덤이 천 년을 몇 번 넘어 남아 있다. 비가 지나가고 바람이 스쳐가고 시간이 수천 년 흘렀음에도 건재하게 남아 있다.

평지에 분포하는 고인돌은 산의 능선 하단부에 조성된 평지나 낮은 구릉이나 대지 위에 분포한다. 해발 20미터 내지 30미터 정도의 고도에 조성된다. 고인돌 분포 지역이 낮은 지대인 것은 당시 사회가 농경지나 물과 밀접한 관계가 있는 곳에 그들의 주거 영역을 마련하고 그와 가까운 곳에 묘를 조성한 데에서 비롯된 것일 가능성이 크다.

그리고 무엇보다도 고인돌 축조에 필요한 석재 채취와 운반 등을 고려하여 산에 인접한 곳을 입지로 선정하였을 것으로 보인다. 또한 구릉 위에 세운 고인돌은 주변 평지보다 높은 위치에 고인돌을 축조하려는 의도가 반영된 것으로 보인다.

고려산 일대에 있는 강화도의 고인돌은 부근리 일대의 고인돌을 비롯하여, 산거리 고인돌군, 오상리 고인돌군과 교산리 등에 150여 기의 고인돌이 있다. 하지만 고인돌을 찾기가 쉽지 않다. 강화는 고창이나 화순의 고인돌 군집 지역보다 높은 지대에 있다. 우리나라 고인돌의 평균 고도보다 높은 해발 100미터에서 200미터에 고인돌이 분포한다.

남한과 북한 고인돌의 맥을 잇는 중요한 역할을 하며, 분포 수량은 많지 않지만 독특한 탁자식 고인돌 문화를 이루고 있는 점이 높이 평가되고 있다.

세계 최고로 다양함을 갖춘
고창 고인돌 유적지

고창은 동백꽃이 붉게 피는 선운사와 요강이 뒤집어질 만큼 정력에 좋다는 복분자, 풍천장어가 유명한 곳이다. 산사인 선운사와 남성 정력 증강의 대표격인 복분자, 풍천장어의 만남은 여행자를 자극시킨다. 극단이 주는 미묘한 감흥이 즐겁다. 고창에는 우리나라 성곽 중에서 가장 원형으로 잘

고인돌 유적지 고창 탁자식·기반식·개석식과 탁자식의 변형이라 할 수 있는 지상석곽형 등 다양한 형식이 있으며 채석장 유적도 발견되었다.

보존되어 있다는 읍성이 있고 동학혁명의 지도자였던 전봉준의 생가도 있다. 초가로 된 집은 전봉준이 태어나 13살까지 살았다고 한다.

고창 고인돌은 고인돌의 다양함에 있어 세계 최고이다. 탁자식, 바둑판식, 지상석곽식, 개석식이 혼재해 있다. 크기도 다양하고 모양도 제각각이다. 고인돌 분포가 조밀하고 거석화된 고인돌을 만날 수 있어 학술적 가치가 높다.

고창에는 고도로 발달한 청동기 문화가 존재했다. 대표적인 고인돌 유적뿐 아니라 죽림리·예지리·교운리·석교리·산정리 등에서 청동기 시대의 움집과 무덤 등이 발굴되었다.

산의 하단 구릉부를 따라 고인돌이 모여 있고 산 능선을 따라 모여 있는 곳도 있다. 고인돌은 아늑하고 편안한 곳에 있다. 하늘 아래 편안한 곳을 찾아 고인돌은 서 있다. 사람의 직립을 뒷받침하는 척추가 직선이 아니라 곡선이듯 고인돌을 세운 사람들이 살던 산은 누운 채로 곡선이 아름다웠다. 고창 고인돌 유적지에서는 청동기 문화의 유적이 발굴되었다. 청동기 문화의 유물들이 다른 어느 곳보다도 많다.

세계에서 처음으로 채석장이 발견된
화순 고인돌 유적지

최대의 고인돌은 화순에 있다. 화순 고인돌 유적지에는 100톤 이상의 고인돌이 수십 기가 되고 200톤이나 되는 고인돌이 있다. 핑매바위는 여러 가지 면에서 특별하다. 우선 크기가 최대이며 핑매바위에 얽힌 전설과 바위에 적힌 글이 눈길을 끈다. 또한 채석장이 발견되어 고인돌의 축조 과정을 알 수 있는 아주 특별한 고인돌 유적지이다. 화순은 고인돌에 이름이 붙여져 있어 친근감을 준다.

화순 고인돌의 특징은 채석장이 있으며 고양이 모양을 하고 있어 붙여진 괴바위, 100명이 앉을 만큼 넓다하여 붙여진 마당바위, 대단위 채석장으로 채석의 흔적이 확연하고 이곳에서 내려다보이는 도곡벌판의 풍경이 압권인 관청바위, 달처럼 둥근 달바위, 갓을 쓴 사람의 모양을 닮았다하여 감태바위 등이 있다.

그중 돋보이는 고인돌은 단연 핑매바위다. 우리말로 '던진다'는 뜻을 가진 핑매바위는 덮개돌이 7미터, 두께 4미터, 무게는 200톤에 달한다. 핑매바위에는 구멍이 있다. 왼손으로 돌을 던져 그 구멍에 돌이 들어가면 아들을 낳고 들어가지 않으면 딸을 낳는다는 이야기가 전해진다.

지금도 바위 위에는 사람들이 던진 돌이 쌓여 있다. 핑매바위에는 한문으로 된 글씨가 새겨져 있다. '여흥민씨세장산驪興閔氏世葬山' 명성황후의 집안인 여흥민씨가 장례를 지내는 산이라는 표석인 셈이다. 나라를 다 가질 만큼 세도를 부렸던 민씨 일가의 힘을 과시하려 했나 보다. 핑매바위에는 전설이 전한다. 전설이 없으면 얼마나 허전했을까.

운주사에서 세상의 새로운 개벽을 위해 하룻밤 사이에 천 개의 탑과 천 개의 부처를 세운다는 말을 듣고 마고할미도 도우려고 채석장에서 이 바위를 깨어 앞치마에 싸서 나르려 했다. 운주사에서 모든 사람들이 공력을 다

화순 괴바위 고인돌 결혼을 약속한 처녀 총각이 이승에서는 못 이룬 사랑을 저승에서나마 만나자며 못 속에 몸을 던졌다. 두 사람이 죽은 후에 큰 바위 두 개가 생겼는데, 괴이한 일이라 여겨 괴바위라고 부른다고 한다.

해 일을 하느라 아기스님에게 닭이 우는지 안 우는지 보고 있다가 알려 달라 했는데, 그만 너무나 졸려서 거짓으로 제 시간보다 일찍 닭울음소리를 내었다. 그래서 가져가지 못하게 된 마고할미가 화가 나서 저 핑매바위를 그냥 아무렇게나 던져버려 지금처럼 길 한복판에 서 있고, 핑매바위에서 멀지 않은 운주사의 와불 한 쌍은 일어나려다 말고 날이 이미 샌 줄 알고 다시 누워버렸다.

화순 고인돌 유적은 전라남도 화순군 도곡면 효산리와 춘양면 대신리 일대의 계곡을 따라 약 10킬로미터에 걸쳐 무려 596기의 고인돌이 몰려 있다. 핑매바위 같은 사람의 힘으로 축조가 불가사의한 고인돌도 있으며, 최근에 발견되어 비교적 옛 모습대로 잘 보존되어 있고 산 위로 채석장으로 추정되는 웅장한 암반들과 어우러져 훌륭한 경관을 자랑한다. 또한 고인돌의 덮개돌을 떼어낸 채석장이 인근에 있어 고인돌을 축조할 수 있는 환경이 구비된 곳이다. 고인돌의 여러 형태들을 한 곳에서 볼 수 있는 산 교육장으로 가치를 인정받아 세계문화유산으로 지정되었다.

경주 역사지구

천년의 아름다움을 간직한 경주

천년의 나라, 신라. 천년을 이어온 신라가 망하고 나서 다시 천년이 흘렀다. 역사를 만드는 천년이었고 다시 역사에서 지워지는 천년이었지만 경주는 살아 있다.

신라는 경주와 거의 동의어로 쓰일 만큼 깊은 관계 속에 있다. 땅속에서 한 해를 보내고 흙을 뚫고 올라와 하늘을 받쳐 든 두 잎의 떡잎처럼 신라와 경주는 상징의 이중주를 연주하고 있다. 경주에는 가장 신라적인 것들이 살아 있다.

신라는 우리나라 역사 중에서 유일하게 찬란한 나라였다. 우리의 유적과 문화유산이 단순미와 자연미를 바탕으로 한 소박함과 지순함을 보이고 있지만 신라는 다르다. 백제를 일러 '검이불루 화이불치儉而不陋 華而不侈'라 했다. '검소하지만 누추하지 않고, 화려하지만 사치스럽지 않다.'라는 삼국사기를 저술한 김부식의 글에 백제의 미가 극명하게 나타난다. 고구려의 문화는 동적인 아름다움을 가졌으면서 중심을 가지고 있고 남성다운 폭넓은 세계를 가지고 있다.

반면 신라의 문화는 겉으로 자신있게 드러내는 당당함과 화려함을 가지고 있다. 아름다움을 극적인 정점으로 이끌어내는 발산의 매력을 가지고 있는 문화가 신라의 문화이다. 그래서 신라의 문화를 찬란하다고 하고 황금의 문화라고 한다. 가장 늦게 출발했으면서도 삼국을 통일하는 저력을 가진 신라인이다. 신라인의 특질 중 하나가 한 번 준 마음은 변하지 않는 우직함에 있다. 투박하고 거친 듯하면서도 끈기가 있다. 천년을 이어온 신라인의 근성이 보인다.

경주 역사지구에는 불국사와 석굴암이 포함되지 않는다. 불국사와 석굴암은 독자적인 아름다움과 빛나는 역사성으로 인해 별도로 세계문화유산으로 지정되었다. 불국사와 석굴암이 빠졌어도 경주는 경주 역사지구라는 이름으로 찬란하게 재탄생한다. 역사의 현장을 미로 찾아가듯 세심한 마음으로 걸어보면 경주의 신비를 훔쳐볼 수 있다.

경주는 신라인이 마련한 야외 전시장이다. 박물관이 별도로 마련되어 있지만 경주 전체가 박물관이다. 옮겨 올 수 없는 역사적인 장소와 이미 지나가버린 시간을 되찾는 것이 내 탐사 여행의 목적이다. 발길 옮기는 곳마다 신라 천년의 역사는 드러난다. 신라의 문화유산을 모아 놓은 경주 박물관에는 무엇보다도 보고 싶은 것이 있다.

한국 종은 동양의 소리, 신비의 소리, 하늘의 소리를 낸다

동양의 소리, 한국의 소리를 온몸으로 울고 있는 신비의 종을 만날 수 있다. 에밀레종으로 알려진 성덕대왕신종이다. 성덕대왕신종은 신라 예술의 걸작으로 기린다.

현재 우리나라에 남아 있는 신라 종은 725년 주조된 상원사종과 771년 완성된 성덕대왕신종 그리고 9세기 작품으로 추정되는 청주박물관종 등 단 3점이다. 세상의 종은 한국 종과 한국 종이 아닌 것으로 구분된다고 할 만큼 우리의 범종은 세계유산이다.

한국 종인 성덕대왕신종이 세계 제일의 종이라고 선언한 사람은 한국 사람이 아니라 저명한 미술사학자 퀸멜 박사이다. 독일이라면 성덕대왕신종 하나만 있어도 훌륭한 박물관을 꾸린다며 부러워했다.

성덕대왕신종은 한민족의 마음이 하늘의 마음을 읽어 만든 신비의 소리를 내는 종이다. 성덕대왕신종은 숨을 쉰다. 숨을 쉬는 현상을 일명 맥놀이라 한다.

서양의 종은 귀에 들리고 한국의 종은 가슴 깊은 곳을 울린다. 성덕대왕신종을 만나는 것은 내 개인의 인생에서도 위대한 일이다. 한국 종을 칠 수 있는 곳이 있다. 서장대 옆에 있는 범종과 진천 종박물관에 있는 범종을 칠 수 있다.

수원 화성에 가보라. 사랑하는 사람과 종을 쳐보라. 사랑을 배우리라. 기다림이 가르쳐주는 깊은 사랑을 배우리라. 성덕대왕신종이 아니더라도 한국 종의 맥놀이를 만날 수 있다.

젊은 연인이 함께 종을 치는데
급하게 연이어 종을 친다
종소리가 깊지 못하다

한국종은 앞선 종소리가 멀리 나갔다가
다시 돌아올 때까지 기다려야
다음 종소리가 맛을 알고 따라간다
젊은 연인들의 종소리가 탁한 건
종소리가 돌아오기 전에 종을 쳤기 때문이다

종소리를 깊게 한 건 기다림과
종 밑에 비워둔 큰 허공이
함께 울어주어서다

〈신광철의 '범종'〉

　한국 종은 소리통이 있다. 그 소리통이 가진 특별함이 소리를 맑고 깊게 한다. 그리고 종 밑에 큰 독을 묻거나 벽돌을 쌓아 빈 공간을 만들어 놓았다. 빈 허공이 소리를 받아주어 함께 울어주어 소리가 웅장하고 울림이 유장하다.

　이는 종이 울릴 때 함께 울어주는 세상과 동참하기 위해서이다. 한국 종은 기다림의 미학을 가르쳐 주는 하늘의 마음을 배운 종이다. 소리가 떠났다가 다시 한 번 공명을 하며 돌아오는 시간을 가지고 기다렸다가 종을 쳐야 소리가 길고 맛이 난다. 기다림을 알아야 종소리를 제대로 느낄 수 있다. 세계에서 종소리가 가장 아름답다는 성덕대왕신종의 소리를 들어보는 날은 축복이다.

　세상을 사는 일도 혼자보다 어깨를 내주고 받으며 어울려야 제 맛이 난다. 세상을 산다는 건 한바탕 어울림의 축제이다. 깊은 깨달음을 실천하는 산사에도 수행자만 묵을 자리가 있는 것이 아니라 빈방을 마련해 둔다. 찾아오는 사람을 위한 마음의 자리이다.

　신라는 두 개의 큰 축에서 바라보아야 큰 얼개를 그릴 수 있다. 신라는 정복 국가였고 국제 무역 국가였으며 문화대국이었다. 우리는 흔히 고구려를 정복 국가로 알고 있지만 고구려보다도 신라가 더 많은 나라들을 정복했었다.

경주 남산 칠불암 경주 남산은 거대한 야외 전시장이라고 할 만큼 자연과 인공이 만나고 헤어지는 곳이다.

황룡사에 명시되었던 국가들의 면모나 수를 보아도 신라가 얼마나 당당하고 위세 높았던 문화를 지닌 정복 국가였는가를 확인할 수 있게 된다. 아래에서부터 일본, 중화, 오월, 탁라, 응유, 말갈, 단국, 여적, 예맥이라 명시되어 있다. 이 나라들이 구체적으로 어디인지는 확실하게 밝혀지지 않았지만 지금의 상태로 보면 일본, 중국, 오월, 탐라, 백제, 말갈, 거란, 여진, 고구려로 볼 수 있다. 황룡사를 지을 수 있는 기술이 없어 백제의 아비지라는 장인을 초빙하여 나라의 상징적인 황룡사를 건립한 신라가 거꾸로 백제를 정복하고 고구려를 정복했다. 가락국을 정복하고 제주를 복속시켰다. 동북아를 호령하던 당과의 전쟁에서도 밀리지 않고 싸워 대동강 이남을 지켰다. 신라는 강인한 결속력을 가지고 시대 상황을 정확히 읽어내어 나라의 기틀을 마련하고 영토를 확장시켰으며, 나아가 국제 무역의 중심지가 되었다.

당대 경주에는 이슬람 국가의 사람들이 모여 살던 촌이 있었다. 얼마나 많은 국제 상품이 넘쳤는지 국가에서 사치품을 쓰지 못하도록 하는 금령을 내리기도 했다. 경주의 황남대총에서 발견된 유물에서도 이러한 실례를 보여준다.

로마에서 흘러왔다 하여 로만글라스라 분류되는 봉황머리형 유리병, 터키석이 박힌 팔찌, 흑갈유병 같은 물품은 동남아시아와 지금의 중동 국가들에서 나는 산물이다.

장보고가 활동하던 시대에는 중국과 일본을 아우르는 황해를 지배했을 뿐 아니라 멀리 동남아와 이슬람 국가들과 교역을 했다. 그것도 활발하게 했음이 여러 정황에서 밝혀지고 있다.

주미 일본대사를 역임한 라이샤워 교수는 장보고를 '9세기 신라인들이 해상 활동의 중심축'이었다고 평가하면서 '당·일본·신라에 걸친 해상 상업제국의 무역왕'이라고 했다.

장보고가 해상 무역을 통하여 국제적인 안목을 가진 세계인으로서 활동할 수 있었던 것은 개인적인 역량도 있지만 이를 받아들일 수 있는 신라의 거시적인 안목도 크게 작용했다. 그만큼 신라는 원대하고 포부가 큰 나라였고 왕성한 활동을 실제로 실행에 옮겼던 나라였다.

동북아의 변방에서 출발한 신라는 빛나는 국가를 만들어 무역의 중심이 되는 나라, '황금의 나라'라는 칭호를 얻기도 했다. 문화적으로는 고구려와 백제에 비해 뒤처져 있었고 가락국에 비해 철기 문화의 보급이 늦었지만 반도를 통일한 후에는 비약적인 발전을 하였다. 신라는 다른 나라의 문화를 적극적으로 수입했다. 황룡사를 지을 때 백제의 장인을 초대하는 파격을 보인 것만 봐도 알 수 있다.

신라는 실용적인 국가였다. 그 실용성의 바탕에서 신라는 강국으로 나아가는 활로를 찾았다. 신라 고대의 무덤에서 발굴된 것들을 보면 얼마나 세공 기술이 뛰어났는가를 알 수 있다. 화려한 금관과 귀고리, 팔찌, 허리띠 등에서 신라 문화가 황금의 문화였음을 알 수 있다.

그 외에도 동양에서 가장 오래된 천문 관측대인 첨성대와 불국사와 석굴암 같은 위대한 예술품을 만들어냈다. 신라는 국제적인 나라였고 문화강국이었다. 그 문화와 무역의 중심지 중 거점이었던 곳이 경주이다. 신라와 경주는 달걀과 노른자의 관계이다. 그만큼 경주는 신라의 얼굴이고 상징이다.

황금의 나라, 신라. 역사의 장소, 경주

경주에 도착해서 거닐다 보면 가장 먼저 눈에 들어오는 것이 있다. 산만한 무덤이다. 무덤이 하나 둘이 아닌 무리를 지어 군락을 이루고 있다. 신비와 역사의 진실이 지금 바라보는 무덤의 모습인가 의아해지기도 한다. 집채만한 정도가 아니라 산만한 무덤이 주는 분위기는 위압이 아니라 친근감이다.

우리의 무덤은 어머니가 아이를 가졌을 때의 부른 배와 비슷하다. 죽어서 다시 묻힌 무덤의 모습도 어머니의 임신한 배를 닮았다.

경주는 어디를 가나 천년의 흔적이 남아 있다. 천년 동안 신라는 잊혀지고 무너져 사라졌지만 그 흔적은 곳곳에 깊이 남아 있다. 어마어마한 무덤의 크기에 놀라고 많은 무덤 수에 다시 한 번 놀라게 된다. 이 무덤의 주인공은 누구일까?

왕과 왕비 그리고 왕족의 무덤이다. 신라를 세운 박혁거세 왕부터 이름 모를 왕의 무덤이 무리지어 있다. 오릉은 신라 초기의 왕릉으로 박혁거세와 왕비 알영부인, 제2대 남해왕, 제3대 유리왕, 제5대 파사왕 등 5명의 분묘라 전해진다. 그 외에 대릉원 등 여러 곳에 능이 산재해 있다.

신라왕들의 성씨는 박석금朴昔金 3개의 성씨였다. 신라를 건국한 박혁거세 이후에는 3성씨가 왕위를 돌아가며 계승했다. 내물왕 대에 이르러서 박씨와 김씨가 연합해 석씨를 몰아냈다. 멸족을 시켜 석씨는 아예 역사에서 사라지고 말았다.

신라를 세운 인물은 박혁거세이다. 신라의 건국 시조이며 박씨의 시조

경주지구 계림 신라를 최초로 다스린 왕은 박씨 성의 박혁거세였다. 계림은 경주 김씨의 시조인 김알지 탄생 설화가 전해져 오는 성지이다.

로, 우리나라 박씨의 유일 시조이다. 삼국사기와 삼국유사에 비슷한 기록이 남아 있다.

진한 땅의 여섯 마을 우두머리들이 알천 상류에 모여 군왕을 정하여 만들고자 하여 높은 곳에 올라 멀리 남쪽을 바라보았다. 서라벌 땅을 바라보니 남산 기슭의 나정 우물가에 번개와 같은 이상한 기운이 드리워진 흰 말이 엎드려 절하고 있었다.

찾아가서 그곳을 살폈더니 자줏빛 알이 있었고 말은 사람들을 보자 길게 울고는 하늘로 올라갔다. 그 알을 깨뜨리자 사내아이가 나오매, 경이롭게 여기면서 동천 샘에 목욕시키니 온몸에서 빛을 발했다. 새와 짐승이 춤추고 하늘과 땅이 흔들리고 해와 달이 밝았다. 이로 말미암아 혁거세왕이라 이름 짓고 위호는 거슬한이라고 하였다.

사람들은 다투어 배필을 구하라고 하였다. 같은 날에 사량리 알영 우물가에 계룡이 나타나 그 왼쪽 겨드랑이로 딸아이를 낳으니 그 용모가 수려하였으나 꼭 입술이 닭부리와 같았다. 이내 월성의 북천에서 미역을 감기자 입부리가 떨어졌다. 궁실을 남산 서쪽 기슭에 세우고 두 신성스런 아이를 봉양하였다. 사내아이는 알에서 태어나, 알이 박과 같으므로 그 성을 박씨로 삼았다. 딸아이는 그녀가 태어난 우물 이름을 따서 알영이라 했다. 그들 나이 열셋이 되매 각기 왕과 왕후로 삼았다. 왕은 계정鷄井에서 태어났고 왕비 알영은 계룡鷄龍에게서 태어났기 때문에 계림국鷄林國이라 나라 이름을 지었다.

여기에서 계림의 계鷄를 '새'로 읽어 계림은 '새벌' 다시 '서라벌'이라는 설이 설득력이 있다. 고대 국가에서는 왕의 이름과 왕에 대한 글을 함부로 적을 수 없었다. 상징으로 기록할 수밖에 없었다. 지엄하고 하늘과 동등한 지위를 가진 존재로 보았기 때문이다. 삼국유사와 삼국사기에 전하는 박혁거세와 관련한 내용을 살펴보면 말이 나온다. 이는 북방의 기마 민족이 도래했음을 보여준다. 그들은 철기 문화를 가진 선진화된 무리였다. 이들이 경주의 나정 일대에 정착을 하고 있었고 가까운 곳의 토착 세력인 알영정 마을의 6촌을 이루고 살던 족장들이 강력한 철기 문화를 가진 기마 부족의 영향력 있는 사람 중 하나인 박혁거세를 왕으로 추대하였다고 볼 수 있다. 이 관계는 두 집단의 혼인 관계로 맺어졌다. 신라는 이렇게 하여 건국을 하게 되었다.

경주 남산 용장사곡 3층 석탑 산 통째를 기단으로 삼은 탑이기 때문에 든든하고 뿌리 깊다.

신라의 왕 중에서 가장 많은 왕을 배출한 성씨는 김씨이다. 경주김씨 시조의 발상지는 계림이다. 계림은 원래 시림始林이라 하여 신라 초부터 있던 숲으로 신성스러움이 자리하고 있다. 작고 협소해 보이는 사당이 주는 미묘한 감정이 수백 년 된 나무들이 주는 감흥과 만나면 역사적인 신비성에 취하고 만다. 느티나무·물푸레나무·싸리나무 등이 모두 고목으로 우뚝 서 있다. 살아있는 동안 세상에 자신을 세우는 일로 일생을 마치는 나무는 성스럽다.

계림에서는 더욱 성스러움과 신비성에 감싸인다. 계림 옆으로 펼쳐진 큰 왕릉들의 모습과 오래된 고목이 주는 시간의 누적된 현장을 직접 목격하면 역사 속의 신라의 한 부분이 한국인의 심성을 일깨워 줌으로써 그것이 나의 유전 인자 속에 함께 하고 있다는 동질성에 감복하게 된다. 진정으로 가슴이 뭉클하다. 삼국사기에 이렇게 적혀 있다.

신라 제4대 탈해왕 9년 3월 밤에 왕이 금성, 지금의 경주 서쪽 시림 가운데에서 닭 우는 소리를 듣고 신하에게 살펴보게 했다. 신하가 가보니 금궤 하나가 나뭇가지에 달려 있고, 흰 닭이 그 밑에서 울고 있었다. 신하가 돌아와 이 사실을 알리자 왕은 날이 밝는 대로 그 궤짝을 가져오게 해 열어 보니 속에 총명하게 생긴 어린 사내아이가 있었다. 왕은 이를 기뻐하며 아이 이름을 알에서 나온 지혜로운 아이라는 뜻으로 알지閼智라 부르고, 금궤 짝에서 나왔으므로 성을 김씨金氏라고 했다.

신라 건국을 신화로 보는 견해와 역사로 보는 견해가 있다. 삼국사기에는 시조 박혁거세가 탄생한 곳, 나정에 신라 왕실 최고의 제사시설인 신궁

神宮을 건립했다는 기록이 있다. 박혁거세 탄생 설화와 박혁거세가 탄생했다는 지금의 나정과의 관련성이 부족했다. 신화와 역사의 접경 지역에 서 있던 것을 확인할 수 있는 기회가 왔다. 나정의 발굴이었다. 박혁거세가 탄생한 곳이 나정이고 나정에 신궁을 건립했다는 기록이 신화일까, 역사일까 관심이 집중되었다. 나정 발굴이 시작되었다.

우물터라고 알려진 나정에 뜻밖에 8각형 건물터가 발견되었다. 본래 8각형 건물은 제사를 지내는 신성한 건물을 짓는 데 많이 사용되었다. 또한 중요한 것은 나정 주위에서 발견된 기와 조각들인데 다른 곳에서는 발견되지 않은 것으로 날생生자가 새겨진 신라 시대의 기와 조각이었다. 생자가 새겨진 기와 조각이 무려 100여 개가 발견되었다.

그리고 중요한 유물은 굽다리 접시이다. 굽다리 접시는 제사를 지낼 때 사용하는 접시로 기원전 3세기에서 기원후 1세기까지 사용하던 제사 용기이다.

전체를 종합하면 기원전 1세기경에 박혁거세가 탄생한 곳에 제사를 지낼 수 있는 건물을 지어 왕들이 직접 제사를 집전했다는 것이다. 신라의 건국을 3세기라고 한 기존의 학설을 뒤집고 몇 백 년을 앞당겨 건국되었음을 확인할 수 있는 근거와 신화가 아닌 역사적인 사실일 거라는 근거를 마련하는 발굴 조사였다.

경주 역사지구는
독자적인 역사성과 의미를 보여준다

경주 역사지구는 유적의 성격에 따라 모두 5개 지구로 나눈다. 불교 미술의 보고인 남산지구, 천년왕조의 궁궐터인 월성지구, 신라왕을 비롯한 고분군 분포 지역인 대능원지구, 신라 불교의 정수인 황룡사지구, 왕경 방어시설의 핵심인 산성지구로 나누어져 있다. 역사지구 안에는 52개의 지정문화재가 세계유산지역에 포함되어 있다. 경주 역사지구에서 왕들의 탄생지와 왕릉이 모여 있는 대능원지구, 그리고 신라 왕궁이 있었던 월성지구가 집권자의 공간이라면 남산지구와 황룡사지구는 민중들의 위안이 되었던 곳이다.

경주 남산은 신라 불교 미술의 야외 박물관으로 신라의 숨결이 민중과 함께 살아 숨 쉬는 곳이다. 신라 건국 설화에 나타나는 나정, 신라 왕조의 종말을 맞게 했던 포석정과 미륵곡 석불좌상, 배리 석불입상, 칠불암 마애석불 등 수많은 불교 유적이 산재해 있다.

가장 특징적인 면은 자연과 인공이 신라인의 마음을 고스란히 담고 있는 남산 불교 유적에서 출발하고 완결된다는 점이다. 마애불상이나 석불 그리고 탑들이 모두 자연과 만나 화합하고 있다. 자연석을 그대로 둔 채 석불을 파 울퉁불퉁한 면 그대로 그림이 완성된다.

탑은 자연석 위에 세워져 남산 전체를 기단으로 삼는 파격을 보여주고 있으며, 남산지구의 불심은 자연과 사람이 만나는 화합의 장을 만들어내고 있었다.

월성지구는 신라의 탄생지로 행정과 문화의 중심지 역할을 수행하던 공간이다. 월성지구에는 신라 왕궁이 자리하고 있던 월성, 신라 김씨 왕조의 시조인 김알지가 태어난 계림, 신라 통일기에 조영한 임해전지, 그리고 동양 최고의 천문 시설인 첨성대 등이 있다.

경주지구 대능 경주에서 가장 특별하게 눈에 띄는 것은 거대한 능이다. 이 무덤의 주인공은 김씨 성의 왕이며 금을 숭상한 사람들이다.

대능원지구는 삶과 죽음이 공존하는 곳이다. 아직도 무덤 옆에는 생활의 터전인 집들이 붙어 있는 곳도 있고 무덤과 주택이 서로 어울리며 함께 하고 있다. 대능원지구에는 신라 왕, 왕비, 귀족 등 신라 상층부의 무덤이 있다. 황남리 고분군, 노동리 고분군, 노서리 고분군 등으로 구획되어 있다. 무덤의 발굴 조사에서 신라 문화의 우수함을 보여주는 금관, 천마도, 유리잔, 각종 토기 등 당시의 문화와 생활상을 파악할 수 있는 귀중한 유물들이 출토되었다.

황룡사지구는 터만 남아 있다. 발굴 조사가 마무리되고 복원을 준비하고 있지만 지금의 기술로 쉽지 않아 실행에 옮기지 못하고 있어 아쉽다. 황룡사 9층탑은 철반 이상의 높이가 7보(42자), 그 이하가 30보3자(183자)이다. 총 225자다.

지금의 수치로 환산하면 철반 이상은 높이가 14.96미터이고, 철반 이하가 65.20미터이다. 그러니까 탑의 총 높이는 80.18미터가 된다. 지금의 아파트 30층 높이에 해당되는 거대한 높이이다.

황룡사는 신라의 의지와 백제의 기술이 만나 공동 작업으로 이루어진 곳이다. 아비지는 백제의 장인으로 신라의 황룡사탑이 완성되도록 한 사람이다. 황룡사 9층탑의 탑주가 완성되는 날 백제가 망하는 꿈을 꾸고 백제로 도망가려는데 폭풍이 치고 광풍이 불자 황룡사를 완성하라는 뜻이라 여기고 불사에 전념하여 황룡사 9층탑을 완성시킨다. 결국 백제는 망하고 만다. 슬픈 아비지의 전설이 전하는 황룡사 9층탑은 터만 남아 있다. 황룡사지구에는 황룡사지와 분황사가 있다.

산성지구는 왕경 방어 시설의 핵심이다. 서기 400년 이전에 쌓은 것으로 추정되는 명활산성이 있는데 자연석으로 쌓았다. 신라는 가장 화려하고 빛나는 역사를 가진 나라이자, 우리나라에서 가장 독특한 특성을 지닌 나라였다. 소박함이 없이 화려하고, 겸손함보다는 당당함이 돋보이는 문화를 창조한 나라가 신라다.

신라는 한민족의 역사에서 특별하게도 찬란하다는 수사가 어울리는 문화 국가였다. 한반도에서 빛나는 황금의 나라, 안정성의 횡축보다는 당당함의 종축을 선호한 유일한 나라가 신라이다.

조선 왕릉
朝鮮王陵

왕의 즉위식은 근엄한 슬픔의 의식이다

왕위에 오르는 날은 슬픈 날이다. 하늘과 땅이 축복하고 기뻐해야 할 왕좌에 오르는 날은 슬픔에 싸여 있는 날이다. 조선 왕의 즉위식 풍경은 축하보다는 근엄한 슬픔이 밑바탕에 깔려 있다. 왕의 즉위식은 선왕이 죽은 지 5일째 되는 날에 거행되기에 초상집 분위기에서 거행된다.

왕의 일생은 두 개의 폐쇄된 공간에서 이루어지고 마무리된다. 삶의 공간은 궁궐이고, 죽음의 공간은 왕릉과 종묘이다. 왕의 몸이 묻힌 공간이 왕릉이고 신위를 모시는 별도의 공간으로 종묘가 있다. 종묘는 영혼을 모시는 공간이다.

조선 왕조 500년 동안 27대 왕의 묘가 지금까지 변형 없이 보존되고 있는 것은 세계 어디에서도 드문 사례이고 독특한 현상이다. 역사에 대한 대단한 애정과 관심이 없이는 불가능한 일이다. 혈족의 정통성을 유난히 강조하고 중요하게 여기는 한민족의 기질에서 얻은 결과물이라고 할 수 있다. 한민족에게는 결국은 품어 안아야 하는 동질성에 대한 그리움이 핏속에 유전 인자로 가지고 있다. 때론 뜨겁고 때론 은근하게 마음의 안쪽 깊은 곳에서 흐르고 있다. 애정하고는 또 다른 끈질긴 끌어당김의 인자가 흐르고 있다.

왕조가 500년을 이어오다 왕조가 사라지고 다시 100년의 세월이 지났음에도 한 왕조의 무덤은 하나도 훼손되지 않고 보존되어 있다. 역사의 단절이 없는 한국, 한국인, 한민족의 끈끈함이고 영원성이다.

500년을 아프고 슬픈 그러면서도 벅찬 감동을 가진 나라가 한반도에 있었다. 조선이다. 조선의 왕은 27명이었다. 정확하게 말하면 25명의 왕과

2명의 황제가 있었다. 왕 위에 황제가 있지만 조선의 역사에서 황제라는 이름은 비극적인 이름이었다. 왕보다도 못한 주권을 잃은 채 국정을 이끌었다. 또한 왕에서 쫓겨나 조선 왕조가 끝날 때까지 복권을 못한 두 사람이 있다. 연산군과 광해군이다. 그리고 태조 선대 능 6기와 5기의 추존 왕들의 능이 있다.

역사는 흘러가지만 활자로 정지되어 세상에 전한다. 시간의 연속선상에 있지만 단절되어 있는 것처럼 왕들의 무덤은 독립적으로 자리하고 있다. 조선 시대에는 죽은 자의 공간인 무덤의 이름도 신분에 따라 달랐다. 왕족들의 무덤은 묻히는 사람의 신분에 따라 능, 원, 묘로 구분한다.

능陵은 통상 왕과 왕비, 원은 왕세자와 왕세자비 또는 왕의 사친私親의 무덤을 말한다. 사친은 왕의 친아버지와 어머니를 말한다. 그 외 왕족의 무덤은 일반인과 같이 묘墓라 불린다. 무인석은 왕권을 상징하므로 원칙적으로 능에만 조성할 수 있다. 때에 따라서 신분이 격상 또는 격하된 경우가 있어 과거와 현재의 명칭이 다를 수 있다. 조선 왕조의 능은 모두 42기가 있다. 13기의 원 그리고 64기의 묘가 있다. 왕릉 42기 중 두 개의 능은 북한 개성에 있다. 이번에 유네스코 세계문화유산에 등재된 능은 북한에 있는 두 개의 능은 제외하고 40기만 지정되었다.

조선 왕릉 중 북한 개성에 있는 능은 2기이다. 태조 비 신의왕후의 제릉과 정종과 정안왕후가 묻혀 있는 후릉이다. 한 사람의 무덤에는 한 사람의 인생이 묻혀 있다.

사람이라는 이름 위에 꽃이 필까, 눈물이 맺힐까. 사람이라는 이름을 가지고 사람답게 살기가 쉽지 않다. 왕의 사생활은 의외로 옹색하다. 왕의 절대적인 권력으로 인한 영향력의 범위는 넓지만 왕의 사생활은 우물 안 개구리와 별 다르지 않다. 왕이 생활 공간인 궁궐을 벗어나는 날은 얼마 되지 않는다. 왕과 왕비의 생애 동안 바깥세상을 보는 날은 극히 드문 일이며 왕비의 경우는 자신을 낳아 준 생부와 생모가 죽었을 때도 찾아갈 수 없는 갇힌 존재이다. 왕의 전 생애를 통해서 궁궐을 나서는 날은 1년, 365일도 안 된다. 폐쇄 공간에서 주목의 대상이 되어 사생활이 거의 없이 살다가 가는 것이 왕이다.

왕의 거처인 창덕궁, 창경궁과 경복궁을 방문해 보면 알게 된다. 왕의 움직임은 궁에 있는 사람들의 주목 대상이 된다. 어디를 가나 수행원이 있고 일정이 짜여 있다. 궁에 있는 사람들의 관심은 왕의 행동에 모아졌다. 심지어 왕의 침실인 침전에 상궁들이 창호지로 되어 있는 문 하나를 사이에 두고 배치되어 있었다. 왕과 왕비의 합궁 장소까지 두 사람만의 공간일 수가 없었다.

또한 환관들이 극히 개인 공간인 장소에까지 밀착되어 왕의 옆에 따라붙었다. 왕이 용변을 볼 수 있도록 일종의 요강인 '매우틀'을 들고 다녔다. 왕의 배설물을 '매우'라고 하고 한자로는 '매화梅花'라고 적는다. 이러하다 보니 왕에게는 개인 장소와 개인 시간이 없다. 심지어 왕의 용변은 궁중 병원인 내의원으로 옮겨져 어의의 혀에서 건강 여부를 감시 받았다.

왕은 만들어지고 만들어진 왕에 의하여 지배되는 국가가 왕조였다. 한 나라의 운명을 짊어진 지엄하고 거룩한 존재였지만 왕의 사생활 공간은 옹색하고 협소했다. 세상과 세월을 경계 없이 떠돌고 넘나든 김삿갓으로 알려진 김병연 같은 사람이나 세상 권력의 중심에서 벗어나 변방의 삶을 살았던 금오신화의 주인공 김시습 같은 사람이 있는가 하면 세상의 중심인 듯한 왕의 활동 무대는 궁궐 안으로 한정되었다. 슬픈 자리였고, 아픈 자리였지만 막강한 힘의 발원지였다. 개인의 인생으로는 축복 받은 자리가 아니다. 갇힌 인생이었다.

왕의 죽음과 의식

한 나라의 상징이었던 왕이 일생을 마감하면 죽음의 의식을 치른다. 왕의 지위는 철저히 인위적인 자리이다. 왕과 측근들은 사람이 사람 위에 있다는 것을, 사람이 하늘의 계시를 받을 수 있다는 것을 인공적으로 조작하였고 이렇게 만들어진 자리가 왕좌였다. 신에게서 계시를 받았다는 신탁과 하늘이 내려준 자리라는 우월적인 혈통을 강조한 존재가 왕이었기에 존엄의 극대화로 죽음의 자리도 과장되게 마련된다.

유교의 예법에서 떠난 혼이 다시 돌아오기를 기다리는 기간은 대상에 따라 다르다. 천자는 7일, 제후는 5일, 일반인은 3일이다. 조선 시대 왕은 제후에 해당한다. 5일을 기다린 후 왕이 되살아나지 않으면 입관을 하고 세자의 즉위식을 거행하였다. 세자가 아버지를 여의고 왕에 오르는 즉위식이 슬픔의 자리인 것은 이 때문이다. 왕이 죽고 나서 새로운 왕이 오르는 의식은 아버지와 아들의 왕위 계승이다. 아버지가 죽어 슬픔이 가시기도 전에 새로운 왕의 즉위식이 거행된다. 한 나라의 운명을 좌우할 수 있는 자리인 왕의 자리를 비어둘 수 없기 때문이다. 조선의 왕이 공백이었던 기간은 5일에 불과하다. 입관과 더불어 전왕의 시대는 공식적인 마무리가 되는 셈이다.

조선 왕릉 홍릉(고종) 홍릉에는 정자각이 없다. 고종은 왕보다 한 단계 높은 황제였지만 왕보다도 못한 권력자였다. 황제여서 중국식의 묘제를 따랐지만 고종은 나라를 잃은 왕답게 풍수지리적으로 가장 나쁜 자리에 묻혔다.

혼이 돌아오기를 기다리는 동안에 이루어지는 시신을 목욕시키고 의복을 갈아입히는 행위인 습襲과 옷과 이불로 시신을 감싸는 염殮이 끝난 후 입관 의례가 진행된다. 왕의 관을 재궁梓宮이라고 하는데, 다시 그 재궁을 찬궁欑宮 이라는 큰 상자에 이중으로 넣어 모신다. 새로운 왕이 가장 화려하고 위엄 있는 곤룡포를 입고 즉위식을 마치면 왕은 다시 상복으로 갈아입는다.

입관 후 왕의 장례 의식은 5개월 동안 진행된다. 국장이 진행되는 동안 시신을 모시는 곳을 빈전殯殿이라고 한다. 국장 기간 동안 후계왕은 빈전 옆의 여막에 거처하면서 수시로 찾아와 곡을 함으로써 어버이를 잃은 자식의 슬픔을 다한다. 국장 의식은 장엄한 행렬이다. 왕의 시신이 빈전을 떠나 장지에 이르는 길은 백성들의 커다란 슬픔 속에서 진행된다. 죽음에 대한 엄숙함과 왕의 권위가 어우러진 성대한 의식이다. 이 과정은 『국장도감의궤』에 잘 나타나 있다.

1800년에 있었던 정조의 국장 행렬을 그린 의궤에는 총 40면에 1,440명의 인원이 그려져 있다. 뒤에 1897년의 명성황후 국장은 총 78면에 2,035명의 인원이 동원되었다. 고종이 황제로 즉위한 이후의 황실 행사였으므로 그 규모가 더욱 커졌다. 그러나 이것은 그림 속에 나온 행렬에 참가한 인원이다. 통상 국장 행렬에는 군인, 상여꾼, 왕과 신료, 음식 준비와 부대적인 일을 수행하는 사람까지 계산하면 근 1만 명의 대인원이 참여하였다.

조선 왕릉의 최초는 북한 개성에 있는 태조 이성계의 첫째 부인 한씨의 단릉으로 제릉이다. 1405년 박자청이 제릉을 수축하면서 조선 왕릉이 시작되어 1966년 순정효황후를 유릉에 안장하기까지 561년간 진행된 왕릉의 역사이다.

신의왕후 한씨는 안천부원군 한경의 딸로 1337년 2살 연상의 이성계에게 15세의 나이에 시집 왔다. 함흥에 살면서 방우, 방과, 방의, 방간, 방원, 방연 등 6남과 2녀를 낳았다. 이 중 두 명의 왕을 배출한 어머니였지만 이성계가 조선 개국을 하기 전에 죽게 되어 살아서는 왕비가 되지 못한 여인이었다.

태조 이성계는 왕에 오르기 전 이미 2명의 부인을 두고 있었다. 고향인 함흥에는 정부인 한씨가 아이들을 키우고 있었고 서울인 개성에서는 뒤늦게 강씨를 맞이하여 또 다른 아이들을 낳아 기르고 있었다. 당시 풍습으로는 고향과 서울에, 각각 향처鄕妻와 경처京妻를 두는 것이 일반적이었다.

향처 한씨는 이성계가 벼슬에 오르기 전에 혼인하여 남편이 30년가량 전장을 누빌 때에도 집안일을 잊고 성공하도록 살림을 혼자서 꾸리며 아이들을 키우고 내조했다. 위화도 회군 때는 만일의 사태에 대비하여 포천에서 이성계의 고향인 동북면으로 피난하기도 했다. 조선을 세운 태조 이성계의 정부인 한씨는 이성계가 나라를 세우고 왕위에 오르기 1년 전인 1391년 55세의 나이로 세상을 떠나 왕비가 되지 못했다. 이후 계비 강씨가 왕위에 오른 태조 이성계의 정비가 되어 조선국 최초의 왕비가 되었다. 조선조 초기의 비극은 여기에서 출발하였다. 왕자의 난으로 배다른 형제와의 피를 부르는 싸움이 시작되었고 배가 같은 형제끼리의 투쟁도 이어졌다.

조선 왕릉의 기준

조선 왕릉에는 일정한 기준이 있다. 유교적인 원리에 의하여 장례가 진행되고 풍수 원리에 의하여 안장되었다. 유교와 풍수는 관련성이 없는 학문이었지만 죽음의 자리에서 만났다. 서로 다른 영역이어서 충돌하지 않고 만났다. 장례 의식의 이념은 유교에 의해서 진행되었지만 무덤이 자리 잡는 지배 원리는 풍수였다. 풍수는 장풍득수의 줄임말이고 장풍득수는 풍수지리학의 기본 원리이다. 장풍藏風은 바람을 가둔다는 뜻이고 득수得水는 물을 얻는다는 뜻이다. 바람을 가둔다는 것은 바람을 막아줄 수 있는 자리를 말하고 물을 얻는다는 것은 물이 측면에서 흘러와 무덤을 감싸 안는 형세를 말한다.

정사에 나오는 이야기는 아니지만 재미있는 이야기 하나를 소개한다. 숙종과 인원왕후의 능이 정해진 연유와 관련된 재미있는 일화이다.

숙종이 하루는 평상복을 입고 민심을 살피기 위해 궐을 벗어나 수원성 아래 냇가를 지나가고 있었다. 그때 젊은이가 냇가에서 땅을 파고 있었다. 숙종이 물어보니 오늘 아침에 갑자기 어머니가 돌아가셨는데 갈처사라는 유명한 지관이 찾아와 이곳에 무덤을 쓰면 좋다고 해서 땅을 파고 있다고 했다. 물이 그치지 않는 곳에 묘를 쓰라고 한 갈처사의 행실이 괘씸해 젊은이에게는 서신을 적어주며 수원부로 찾아가라고 했다. 서신에는 이렇게 적혀 있었다. 〈어명. 수원부사는 이 사람에게 쌀 300가마를 하사하고, 좋은 터를 정해서 묘를 쓸 수 있도록 급히 조치하라〉

숙종은 젊은이에게 냇가에 묘를 쓰라고 한 갈처사가 괘씸해 혼내줄 생각으로 찾아갔다. 허름한 오두막집이었다. 숙종은 청년의 일을 따져 물었다. 그러자 갈처사는 "선비란 양반이 개코도 모르면서 잠자코 계시오. 저 땅은 무덤자리로 들어가기도 전에 쌀 300석을 받고 명당자리로 들어가는 자리인데 물이 나오면 어떻고 불이 있으면 어떻소!"라며 따져 묻는 숙종에게 버럭 화를 냈다. 숙종은 놀라면서 갈처사에게 물었다.

"영감님이 그렇게 잘 알면 저 아래 고래등 같은 집에서 떵떵거리고 살지 않고 이런 산마루에서 산단 말이오?" 이에 갈처사는 "저 아래 것들은 남 속이고 도둑질이나 해 가지고 고래등 같은 기와집 가져봐야 아무 소용이 없소. 그래도 여기는 임금이 찾아올 자리오" 그의 신통함에 놀랐다. "그렇다면 왕이 언제 옵니까?" 라는 질문에 갈처사는 날 받아 놓은 종이를 찾았다. 그리고는 파랗게 질렸다.

바로 오늘이 임금이 찾아오는 날이었다. 노인의 사과에 숙종은 괜찮다며 자신이 묻힐 묏자리를 골라 달라고 부탁했다. 그 능이 서오릉에 있는 명릉이다. 그 후 숙종이 갈처사에게 3천 냥을 하사하였다. 갈처사는 30냥만 노자로 가지고 홀연히 사라졌다.

풍수의 원리 중에서 장풍득수 원리 다음으로 중요한 배산임수가 있다. 배산임수背山臨水는 무덤의 위치가 산은 등지고 물은 앞에 두라는 뜻이다. 풍수의 기본 원리는 사람이 묻힌 자리의 형세가 후손들에게 전해진다는 원리로 경험에 의한 자연 과학이다. 왕의 무덤인 능이 모두 좋은 자리에 있느냐고 물으면, '그렇지 않다.' 이다. 풍수의 원리에 의하여 좋은 자리를 차지하기 위하여 치열한 경쟁과 투쟁이 있었다. 우리가 알고 있는 세종의 묘인 영릉도 남의 자리를 빼앗아 옮긴 자리이다.

풍수 원리 다음으로 중요한 요소는 거리이다. 도성 10리 밖, 100리 이내에 능을 써야만 한다. 교통과 통신이 열악했던 시절 임금의 능행길에 전쟁이나 민란 또는 반란 같은 변고가 발생했을 경우 빠르게 환궁할 수 있도록 고려한 거리이다. 풍수 원리를 무시하고 자신의 자리를 잡아 묻힌 세종은 후일 후손들에 의해 풍수 원리에 의하여 명당자리를 잡아 천장한다. 그곳이 영릉이다. 영릉에 얽힌 일화도 재미있고 조선 사회가 얼마나 풍수 원리에 집착하고 좋은 자리를 얻기 위하여 노력하였는가를 알 수 있는 이야기이다.

세종은 죽어서 아버지인 태종 곁에 묻히고 싶어 했다. 장자인 양녕대군을 물리치고 셋째인 자신에게 왕위를 물려준 것에 대한 고마움에 대한 답인 듯하다. 헌릉 서쪽에 자신의 수릉을 재위 시 미리 잡았다. 그러나 수릉 자리를 정하고 1년 후 소헌왕후가 먼저 승하하여 장사를 지내려 하자 수릉 자리로 물이 나는 것을 발견한 대신들이 이곳을 능으로 쓰면 안 된다고 벌

조선 왕릉 영릉(세종대왕) 세종의 능인 영릉은 신하 이인손의 묘를 빼앗아 옮긴 자리이다. 조선 최고의 명당이라고 한다.

조선 왕릉　149

떼처럼 일어났지만 세종의 고집은 완강했다. 세종은 이미 태종의 은덕으로 왕위까지 누렸는데 그보다 더 큰 발복이 있겠느냐는 논리로 태종 곁에 자신의 수릉을 만들도록 지시했다.

고집대로 세종은 자신이 유교를 내린 자리에 묻힌다. 그러나 그의 사후 조선왕조에는 일대 피바람이 몰아쳤다. 문종이 즉위한 지 겨우 2년 만에 죽고, 문종의 아들인 단종은 숙부인 수양대군에게 왕위를 빼앗긴 후 영월 땅에 유배되어 죽었으며, 왕자 여섯도 죽음을 당하는 등 조선 왕가는 골육상쟁이 끊이지 않았다.

이후 이런 환난은 세종의 묘를 잘못 썼기 때문이므로 천장해야 한다는 이야기가 대두되었다. 실제로 예종 원년에 세종의 묘를 파묘하니 수의마저 썩지 않은 채 물이 가득 차 있었다. 풍수지리에 의하면 세종의 묘는 매우 좋지 못한 자리로서 왕가의 화를 자초한 셈이다.

천하의 대명당인 현재의 영릉으로 옮겼는데 그 자리는 원래 광주 이씨 삼세손인 충희공 이인손의 묘가 있던 곳이다. 이인손은 태종 때 문과에 급제하여 우의정에 이르렀고 그의 부친은 청백리로 유명한 이지직이고, 조부는 고려 말의 절의와 명문으로 명성을 떨쳤던 둔촌 이집이다. 이인손은 세상을 떠나기 전에 지관이 일러주는 내용을 유언으로 후손들에게 남겼다.

첫째 묘택 앞을 흐르는 개울에 절대로 다리를 놓지 말라. 둘째 재실이나 사당 등의 건물은 일체 짓지 말라. 광주 이씨 가문은 이인손의 유언을 그대로 지켰다. 그러자 이인손의 친자 5형제와 종형제 3인을 합하여 정승, 판서가 광주 이씨 가문에서 8명이나 나왔다.

후손 입장에서 볼 때 이인손의 묘는 여러 가지로 불편했다. 양반 체면에

 한국의 세계문화유산

다리도 없는 냇가를 신발 벗고 건너고 멀리서 온 자손이 잠잘 곳도 없어 모이자마자 헤어져야 하는 등 제사를 지낼 때마다 불편했다. 내로라하는 집안에서 이러한 문제가 생기자 광주 이씨 문중회의에서 유언으로 남긴 것에 반하여 재실과 다리를 놓기로 했다.

지관 안효례는 예종의 명으로 여주와 이천 쪽으로 세종의 능을 옮길 자리를 찾고 있었다. 명당자리를 찾기 위해 이곳을 지나다가 갑자기 소나기를 만났다. 주위에 인가가 없어 쏟아지는 소나기를 맞으며 비를 피할 곳을 찾다가 산자락 아래 건물을 보았다. 광주 이씨 문중에서 바로 전해에 세운 재실이었다.

그는 재실로 찾아갔다. 예상치 못한 장애물이 있었다. 갑자기 쏟아진 소나기 때문에 냇물이 불어 건널 수가 없었다. 낙담하여 두리번거리던 그는 재실 아래쪽에 있는 돌다리를 발견하였다. 결국 그는 돌다리를 밟고 냇물을 건너 재실에서 소나기를 피했다. 소나기가 그치자 주위를 둘러본 지관 안효례는 깜짝 놀랐다. 그곳이 바로 찾아다니던 명당이었다. 자신의 소나기를 피하게 만들어준 고마운 묘택의 묘비를 보니 우의정을 지낸 이인손의 묘택이었다. 지금도 대단한 집안의 묘택을 옮기라고 할 수는 없었다. 고민하던 지관 안효례는 마음을 결심하고 산도를 그려 예종에게 설명했다. 이인손의 묘택이 이미 자리잡고 있음을 전하면서 세종의 묘로 추천했다. 그 자리는 군왕의 묘로서는 적합하지만 정승의 묘로는 과분하다는 뜻을 전했다.

예종은 당시 평안도 관찰사로 있던 이인손의 큰아들 이극배를 조정으로 불렀다. 예종은 인간적으로 명당터를 양도해달라고 우회적으로 압력을 가했다. 결국 이극배는 할 수 없이 문중회의를 열고 선친의 묘터를 내놓았다. 예종은 광주 이씨 가문에 많은 재물을 하사하고 조선의 어느 곳이라도 이인손의 묘를 쓰라고 하였다.

풍수를 둘러싼 왕과 중신들의 밀고 당기는 암투도 있었다. 대표적인 곳이 동구릉이다. 왕릉을 하나 쓰면 사방 십리가 왕릉터가 된다. 사방 십리에 있던 사람들은 모두 이사를 가야 하고 농사도 지을 수 없었다. 폐해가 컸다. 서울 주변에 늘어나는 것은 왕릉이고 이는 사회 문제가 되었다. 그렇다고 감히 왕릉에 대해 무어라고 말할 수도 없는 민감한 문제였다. 대신들은 왕릉을 한 곳에 모아서 쓸 것을 은근히 고집했고 왕은 명당을 찾으려 했다. 대신들은 은연중에 한 곳에 쓰도록 유도했다. 여러 능이 밀집해 있는 것은 이러한 이유도 크게 작용했다.

심지어 왕릉을 만들 때 일부러 흉지에 묘를 쓰는 경우도 있었다. 그 예가 영조로 그는 자신이 묻히고 싶었던 곳에 묻히지 못하였다. 정성왕후 옆자리에 묻어달라는 할아버지 영조의 유지를 따르지 않고 정조는 이미 물이 고인다는 이유로 흉지로 판명된 자리에 영조를 묻었다. 아버지 사도세자를 죽인 것에 대한 앙금이 남아서였다. 그리고는 아버지 자리는 명당으로 소문난 곳으로 이장을 하였다. 경기도 양주에서 화산으로 옮겼다.

이성계의 건원릉은 갈대로 봉분을 입혔다

조선 왕릉은 몇 가지 점에서 독특하고 희귀하다. 첫째 조선 왕릉은 500여 년이라는 장구한 세월 동안 변하지 않고 유교 이념과 풍수 원리에 의하

조선 왕릉 건원릉 태조 이성계의 능이다. 고향의 갈대를 심어달라는 왕의 유언에 따라 지금도 봉분에는 갈대가 자라고 있다.

여 이어졌다. 둘째 왕릉 중 하나도 훼손되지 않고 보존되었다는 점이다. 이는 거의 기적에 가까운 일이다. 또 하나는 한국인의 자연관에 의하여 능이 자리 잡았다. 조선의 능은 작은 산의 능선에 자리 잡고 주위의 산이 안으로 감는 곳에 자리 잡는다. 뒤는 산을 두고 앞은 물을 두는 곳에 자리 잡는 등 안온한 곳에 터를 잡고 주위의 산과 능이 들어서는 곳을 훼손하지 않으며 자연 상태로 두는 것이 기본 원칙이다. 한국인이 선호하는 집터나 마을이 자리 잡는 곳도 같다. 한국인의 삶터와 죽음의 터가 같은 원리에 의하여 자리 잡는다. 삶터인 집과 마을은 산자락 아래에 자리 잡는 반면 죽음의 터인 묘는 산 능선에 쓴다는 점이 근본적으로 다르지만 풍수 원리는 같다.

　왕릉 답사에서 느낄 수 있는 가장 큰 재미는 석물의 변화와 능마다 다른 모습을 찾는 즐거움에 있다. 문인석, 무인석과 동물 모양이나 석등 같은 석물이다. 석물의 시대 변천사와 예술성을 볼 수 있을 뿐 아니라 왕릉마다 독특한 특색을 발견하는 일은 또 다른 행복이다. 석물은 왕의 일생을 드러내 듯 태조의 건원릉은 자신감을 보여주는 듯 어깨를 쭉 펴고 목을 세운 채 서 있는 자세가 당당하고 위엄이 있다.

　반면 강원도 영월에 있는 단종릉의 석상은 슬픈 표정이다. 선조의 목릉의 경우도 임진왜란 같은 국가 위기에서 곤란을 당한 왕답게 침울해 보인

목릉(선조) 조선 왕릉 중 세 개의 각각 다른 언덕이 조성된 동원이강릉同原異岡陵은 목릉이 유일하다.

다. 능마다 석물이 가진 표정이 모두 다르지만 왕릉이니만큼 근엄함과 권위를 지니고 있다. 환히 웃고 있는 석상도 있다. 영조의 원릉에서 문·무인석은 왕을 호위하고 있는 신하의 모습으로 입의 양 끝이 위로 쭉 올라가 있어서 웃는 표정이다.

웃음과 울음이 한 사람의 얼굴에서 나타나듯 미움과 고마움도 한 사람의 감정에서 발원한다. 자식을 미워하는 부모가 없다고 하지만 부자지간에 갈등의 골이 깊었던 사람이 있다. 태조 이성계와 태종 이방원이다. 아버지와 아들 사이라기보다는 정적 같은 사이였다. 함흥차사와 살곶이다리의 이야기가 전해올 정도로 둘 사이는 긴장이 돌았다. 조선 시대에 가장 긴 다리였던 살곶이다리의 유래가 된 사건은 조선 태조 이성계가 왕권을 쥔 지 불과 7년 되던 해에 일어났다.

왕자의 난을 일으켜 계비의 두 아들과 정도전을 제거하고 새 왕이 된 태종에 대해 노여워한 태조는 함경도에 있는 별궁에 칩거하다 결국 한양으로 돌아온다. 태종은 아버지 태조가 함흥차사의 근거지인 함흥에서 돌아온다는 소식에 전관평箭串坪에 나와 장막을 설치하고 환영 준비를 하였다. 태종이 태조를 뵈려 할 때 태조는 노기 띤 얼굴로 태종에게 활을 겨누어 쏘았는데 태종은 나무 기둥에 몸을 숨겨 목숨을 부지했다. 이후 이 사건이 일어난 전관평을 가리켜 '화살이 꽂힌 자리'라는 뜻의 살곶이로 불리게 되었다는 설이다. 두 사람 사이의 갈등의 골짜기에는 능에까지 이어진다. 태조 이성계의 능인 건원릉은 갈대로 덮혀 있다. 우리나라 어디를 가나 무덤에는 잔디를 사용한다. 조선을 세운 가장 존엄한 존재인 태조의 능이 갈대로 만들어진 사연은 함흥차사와 살곶이다리와 연결된다.

건원릉은 일 년에 딱 한 번 벌초를 해야 한다. 태조 이성계는 다른 자식을 죽이고 총애하던 신하마저 죽인 이방원에 대한 원망이 컸다. 죽을 무렵에 인생의 허망함을 느껴 유교를 국가의 중심에 끌어들였던 자신은 불교에 귀의하였다. 그러면서 자신이 죽으면 개성에 묻어달라고 했다. 이방원은 아버지의 마지막 소망이었던 함흥에 묻어달라는 유언을 실행하지 못하였다. 그럼에도 서울로 천도를 강력하게 주도하였다. 조선 개국의 왕을 함흥에 묻을 수가 없었기 때문이다. 조선이 개국한 지 얼마 되지 않아 쿠데타로 정권을 잡은 왕조라는 불신 때문에 정통성이 위협받고 있었다.

고려의 왕들이 전부 개성에 묻혀 있는데 태조의 운구를 함흥으로 보낸다는 것은 조선의 정통성이 흔들릴 위험이 있었고 자신이 일으킨 잘못을 인정하는 것과 같았다. 이방원은 아버지의 소원을 들어주지 못하는 불효자이지만 아버지 이성계가 세상을 떠나면서 함흥의 흙과 갈대로 이식하라 했고 사초를 하지 말라고 당부했다.

태종 이방원은 아버지의 유언 중에서 함흥의 갈대로 덮어달라는 유언만을 따랐다. 그래서 공수해 온 것이 함흥의 갈대이다. 사초하지 말라는 아버지의 유언은 따를 수가 없었다. 사초莎草는 오래되거나 허물어진 무덤에 잔디를 입히어 잘 다듬는 일이다. 사초하지 말라는 말은 결국 풀이 무성하게 자라게 두어 묘가 사라지게 해달라는 말이다. 아들의 도리로서 그럴 수는 없었다.

지금도 건원릉의 갈대는 일 년에 한 번만 사초를 한다. 갈대로 덮어달라고 해서 심은 갈대가 600년이 넘도록 대를 이어서 살아 있고, 사초하지 말아달라는 유언을 다 들을 수는 없어 일 년에 한 번만 사초를 하는 건원릉은 600년 전 부자 간의 갈등을 확인할 수 있는 아주 특별한 역사적 사실이 살아 있는 장소이다. 조선의 왕릉은 역사적인 사실이 증거처럼 남아 있는 공간이다. 세계에서 유일하게 한 왕조의 묘가 그대로 보존되고 남아 있는 특별한 공간이다.

한국의 역사마을
하회마을과 양동마을

살아있는 유산, 한국의 역사마을

한국에서 한국적인 것을 구경하기란 쉽지 않다. 세계 어느 나라를 가더라도 자기 나라의 전통옷을 입은 모습에 여행의 멋과 맛을 느끼게 된다. 하지만 한국에서는 한복을 입은 사람을 구경하기란 쉽지 않고 한옥은 찾아가야만 만나는 것이 가능하다. 그래도 찾아갈 수 있는 전통 한옥마을이 있다는 것은 위안이다.

나는 한옥마을을 두루 찾아다녔다. 잊었던 기억이 되살아나고 잊었던 내 몸의 인자들이 한옥마을이 주는 위안과 아늑함을 받아들이고 있는 것을 확인하게 된다. 오지처럼 남은 곳에 유교적인 이념과 생활 방식을 유지하며 살아가고 있는 한옥마을이 있다. 경상북도 안동과 경주에 각각 자리 잡은 하회마을과 양동마을이다.

한국의 전통마을은 산과 물이 마을과 함께 어우러져 현악 삼중주라도 하듯 조화롭게 만나는 곳에 자리한다. 자연은 사람을 품고 사람은 자연에 의지하는 형세로 자연과 사람이 함께 아름다워지는 곳에 자리 잡고 있다. 안동과 경주에서 두 전통마을이 만나는 풍경은 사뭇 다르면서도 비슷하다. 경주는 신라의 수도였고 신라인의 향기가 아직도 짙게 남아 있는 곳이다. 반면 안동은 조선의 풍취가 깊게 서려 있다. 신라의 향기가 남아 있는 양동마을과 조선의 정신적인 향촌이었던 안동이 동시에 유네스코 세계문화유산으로 등재됐다.

유네스코 세계유산위원회는 '하회마을과 양동마을은 가옥과 서원 등 전통 건축물들이 자연과 조화를 이루고 있으며 전통 주거 문화와 유교적 양반 문화를 오랜 세월 온전하게 지속하고 있어 세계유산으로 등재되기에 손색이 없다'고 평가했다. 다 같이 신라인의 후손으로 조선에서 번창한 내력을 가지고 있다. 안동과 경주는 600년 유교 문화가 마을의 중심축으로 오롯이 서있다. 하회와 양동마을은 한국의 대표적 씨족마을이면서 양반마을로 모두 조선 시대에 양반 문화를 화려하게 꽃피운 한반도 동남부에 위치하고 있다.

하회마을과 양동마을은 전통 유교 문화가 살아 있는 상징적인 공간으로 손꼽히고 마을의 역사가 600여 년이며 풍수지리상 길지에 자리 잡고 있는 공통점이 있다. 길지라고 하지만 전혀 다른 입지를 보이고 있다. 하회마을은 하회河回라는 이름 그대로 물이 마을을 한 바퀴 돌아가 물돌이 마을이라고도 불리는 마을로 물이 길지로 만들어 준 예이다. 양동마을은 물勿자 형상의 산지이며, 마을 중심에 물이 흘러가는 형상으로 하회마을과는 사뭇 다르다. 두 마을에는 오랜 역사와 전통 덕분에 귀중한 문화재가 많다.

가장 대표적인 것은 역시 조선 시대 건축 양식의 특징을 잘 간직한 15, 16세기 건축물과 전통 관혼상제와 공동체 놀이, 세시풍속 등의 무형 유산으로 함께 공존하고 있어 더욱 독특하다. 무형 유산은 세대를 이어 전승되고 있고 마을은 전통 유교 이념에 바탕을 둔 생활 양식을 아직도 지켜오고 있어 마을의 가치가 높다. 마을과 집들의 형태는 비교적 원형 그대로 유지하고 있는 한국의 전통마을 중에서도 전통을 지켜오고 있는 한국적인 마을의 모습을 보여주고 있다.

세계유산 위원회가 지정한 역사마을은 몇 되지 않는다. 그중 한국의 하회마을과 양동마을이 들어가 있다. 세계에서 여섯째로 지정된 고유한 전통성을 인정받은 마을이 하회와 양동마을이다. 유교 문화의 전통 아래 아직도 실제로 마을을 형성하고 있는 살아 있는 마을로 세계적 가치를 인정받았다. 문화적 자긍심을 보여준 사례이다.

한국의 역사마을에는 씨족마을과 읍성마을 등 다양한 유형이 있다. 씨족마을은 우리나라 전체 역사마을의 약 80%를 차지하고 있다. 한국에서의 씨족은 성씨와 본관을 같이 하는 부계 혈연 집단, 즉 조상을 같이 하는 동성동본인들과 다른 혈연 집단에서 배우자로 들어온 남성들로 구성된 사회 집단으로 나뉜다. 씨족마을은 하나 또는 소수의 씨족이 전체 주민 구성의 다수를 차지하거나 마을의 의사 결정에서 주도적 역할을 하는 마을을 일컫는다. 조선 초기에는 씨족마을의 비중이 전체의 80%를 차지했다. 지금 남아 있는 전통마을의 경우도 마찬가지로 같은 비중을 차지하고 있다. 한국은 도시화가 많이 진행되었음에도 전통마을 중에서는 씨족마을의 비중이 어느 국가보다도 높은 편이다. 이러한 특색은 그만큼 혈연 공동체로서의 의식을 잘 보여주고 있다.

남성과 여성의 생활 공간이 다르고 역할도 다른 유교 문화

한국의 대표적 씨족마을이면서 양반마을인 하회와 양동은 한국의 씨족마을 중 가장 오래되었고 모두 조선 시대 양반 문화가 가장 화려하게 꽃피었던 영남 지방에 위치하고 있다. 한국의 독특한 주거 문화를 이해할 수 있는 전통 생활 양식과 민가 풍속을 지금까지 잘 보전하고 있어 한국의 역사마을을 대표한다. 하회와 양동마을은 여름에는 고온 다습하고 겨울에는 저

온 건조한 기후에 적응하기 위한 건축물과 유교에 입각한 조선의 성리학적 예법에 따른 가옥으로 지어져 있다. 남녀가 유별한 것을 직접적으로 보여 주는 내외담이 아직도 남아 있는 집이 있을뿐더러 여성 공간인 안채와 남성 공간인 사랑채가 구별되어 지어져 있다. 마당도 안채에는 안마당, 사랑채에는 사랑마당이 독립적으로 있다. 내외담을 경계로 남성과 여성의 생활 공간이 나누어지며 남성과 여성이 맡아서 하는 역할도 구분되었다.

여성은 집안 살림과 경조사의 준비 및 자녀 교육에 중점을 두었고, 사랑채에 거주하는 남성은 사회적인 일과 손님 접대 그리고 문화 교류의 역할을 수행했다. 한옥은 마당을 중심으로 안과 밖, 안채와 사랑채로 연결되고 완충 공간으로서 여유를 가지며 집을 들고 날 때에 준비하는 역할도 했다. 뿐만 아니라 노동과 축제의 공간으로 독립적 역할을 하였다.

서양의 마당이 여유 공간이나 건축물을 위하여 보조 공간으로서의 역할을 했다면 한옥의 마당은 적극적이며 직접적인 노동과 경조사를 비롯한 축제가 진행되고 안채와 사랑채 그리고 행랑채까지 끌어안으면서 전체를 화합하고 공조하는 공간이었다. 한옥의 아름다움을 표현하는 데 중심 역할을 하는 것은 독립적인 건물이지만, 전체적인 상생의 아름다움을 만들어내는 것은 마당에서 찾을 수 있다.

사대부 집안의 양반이 거주하는 안채와 사랑채는 건물 높이가 높고 넓은 공간을 차지하지만 행랑채는 일자형으로 문 옆에 위치하며 낮고 좁은 방으로 만들어져 있는데, 이는 신분 사회였던 조선 사회의 모습을 그대로 보여 주는 예이다.

하회마을과 양동마을에는 가옥 외에도 양반씨족 마을의 대표적 구성 요소인 종가와 살림집, 정사와 정자, 서원과 서당, 주변의 농경지와 자연 경관이 거의 완전하게 남아 있다. 마을 전체의 화합과 단결을 위한 놀이뿐만 아니라 집안의 의례와 저작, 예술품 등 수많은 정신적 유산도 함께 보유하고 있다.

하회와 양동마을은 한국인의 전통적인 삶이 그대로 전승되고 있고, 주민들이 세대를 이어 삶을 영위해 오고 있는 살아 있는 유산으로서 세계유산적 가치를 인정받은 것이다. 자연과 조화를 이루며 살아온 한국인 삶 자체의 문화적, 사회적인 가치를 인정한 것이다. 하회, 양동의 두 마을은 아래와 같은 이유로 한국 씨족 마을을 대표한다.

첫째, 하회, 양동의 두 마을은 한국의 씨족마을 중에서 가장 오랜 역사를 가지고 있으며, 각각 조선 전기 씨족마을 형성기의 두 가지 전형인 개척입향과 처가입향 유형의 대표적인 사례이다.

둘째, 하회, 양동의 두 마을은 전통적인 풍수의 원칙을 잘 지키고 있으며, 각각 한국 씨족마을 입지의 두 가지 전형인 강가 입지와 산기슭 입지의 대표적이고 우수한 사례이다.

셋째, 하회, 양동의 두 마을은 생산 영역, 생활 영역, 의식 영역으로 구성되는 한국 씨족마을의 전통적인 공간 구성을 기능적이고 경관적으로 온전하게 유지하고 있는 매우 드문 사례이다.

넷째, 하회, 양동의 두 마을은 조선 시대의 가장 시기가 이르고 뛰어난 살림집, 정사, 정자, 서원 등의 건축물들을 다수 보유하고 있는 유일한 사례이다.

다섯째, 하회, 양동의 두 마을은 조선 시대 유학자들의 학술적, 문화적

성과물인 고문헌과 예술 작품을 보관하고, 전통적인 가정의례와 특징적인 마을 행사를 오늘날까지 유지하고 있는 가장 훌륭한 사례이다.

안동의 하회마을과 경주의 양동마을은 마을 자체뿐만 아니라 주요 건축물도 함께 지정했다. 하회마을과 병산서원이 하나의 영역으로 묶였고, 양동마을은 독락당과 옥산서원, 동강서원이 하나의 영역에 속한다. 전통마을 하나가 세상에 드러나기 위해 역사와 사람, 사람과 역사가 질펀하게 얽히고 헤어지면서 지금에 이르렀다. 지상에 세워진 서원 하나가 사람의 역

안동 하회마을 돌담과 토담, 그리고 토석담이 다양한 마을이며 조선 양반마을의 대표적인 곳이다.

사를 대변해 주고 있다. 독립된 건물이 아니라 사람이라는 이름 위에 세워진 자존이기에 마을과 서원은 공동체이기도 하다. 하회마을과 양동마을은 한국인의 철학이 담긴 과거이자 미래로 가는 시간 건축물이다.

무형과 유형 문화재가 상생으로 만나는
안동 하회마을

안동 하회마을은 침묵의 천국이다. 마을로 걸어 들어가거나 마을을 한 바퀴 도는 제방 길을 걸으나 깊은 정적이 흐른다. 낙동강 상류인 강물이 깊게 흐르듯 하회마을은 침묵에 가라 앉아 있다. 매번 하회마을에 올 때마다 나는 침묵을 즐겼다. 강물은 만년을 흐르고 마을은 천년이 되었다. 사람은 백년을 못산다. 그래도 부용대 건너편에 옹기종기 모여 있는 안동 하회마을 사람들은 대를 이어 살고 있다. 마을 안으로 걸어가면 전통과 만나고 강둑을 따라 걸으면 소나무 숲을 만난다. 어느 길을 선택해 걸어도 하회마을의 매력에 빠지고 만다. 만송정 숲은 낙동강이 하회마을을 휘돌아 흐르며 만들어진 넓은 모래 퇴적층에 위치하며, 조선 선조 때 유성룡의 형인 유운룡이 마을 맞은편에 우뚝 서 있는 부용대의 기를 완화하기 위하여 1만 그루의 소나무를 심어 조성한 인공림이다. 만송정은 강변에 펼쳐진 백사장 그리고 마을을 끌어안고 흐르는 낙동강, 건너편에 의연하고 멋진 풍광을 주도하는 부용대와 어우러져 하회마을을 더욱 빛나게 한다.

하회마을은 두 형제를 빼놓고 이야기 할 수가 없다. 두 사람이 있어 하회는 비로소 완성된다. 하회마을이 가진 문화와 학문에 있어서도 큰 부분을 차지한다. 만송정에 1만 그루의 소나무를 심은 유운룡은 뛰어난 유학자였지만 아우에 의하여 다시 한 번 돋보이는 존재가 된다. 유운룡의 아우는 유성룡이다. 유성룡은 임진왜란 때 이순신 장군을 천거하고 『징비록』을 지어 알려진 인물이다. 하회마을은 두 사람의 흔적과 일생을 따라가다 보면 반은 본 셈이다.

하회마을을 대표하는 것은 첫째 유교적인 전통 마을을 아직도 간직한 양반마을이라는 점과 둘째 유성룡과 유운룡의 발자취가 남아 있는 점 그리고 한국의 전통문화에서 두드러진 특색이며 독보적인 문화를 가지고 있는 하회탈과 선유줄불놀이이다. 이 세 가지를 쫓아가다보면 하회마을은 독보적인 아름다움을 가진 전통마을임을 깨달을 수 있다.

먼저 양반마을의 특성을 가진 전통마을로서의 특성이다. 유교적인 원리에 의하여 지어진 집들과 서민들의 집이 함께 어우러져 있는데 마을 한복판을 가로지르는 중심 골목을 따라가면서 작은 골목길을 들어가 살펴보면 자연스러운 곡선으로 이어지는 골목길의 정취에 느슨해지는 것을 깨닫게 된다. 또한 우리의 문화가 주는 여유와 한적함이 얼마나 생의 활력소가 되는가를 확인하게 된다.

중심 골목의 마을 한복판 정도에 이르면 작은 골목을 만나게 된다. 무심코 지나칠 수 있는데 이곳을 그냥 지나치면 하회의 깊은 맛을 못보게 된다. 꼭 들러야 하는 곳이다. 두 사람이 걸어 들어갈 수 없을 만큼 좁은 골목으로 길게 이어진 길을 들어가면 갑자기 시야가 확 트이는 공간을 만난다. 그리 크지 않은 공간이지만 여기에서 신비로움을 만난다. 600년 된 느티나무가 둘러쳐진 담으로 만들어진 공간과 함께 전신을 드러낸다. 세월이 쌓이면 이러한 위엄을 갖춘 나무가 될 수 있구나 싶다. 마을의 역사가 600년이니 마을과 함께 생을 이어가고 있는 존재이다.

하회마을에서 가장 신성스러운 공간이며 종교적인 장소이다. 마을의 혈에 해당하는 하는 장소로 삼신할매를 모신 곳이기도 하다. 새끼줄에 하얀 소원지가 촘촘히 끼어 있다. 소원지는 백지에 자신의 소원을 적어 새끼줄에 꽂아 놓은 것을 말한다. 욕망의 실현을 위한 간절함이 지성스럽다.

하회마을에는 명가가 여럿 있다. 고택으로 양진당, 충효당, 북촌댁, 남촌댁, 주일재, 귀촌고택, 하동고택, 작천고택, 지산서루 등이 있으며 정사로는 원지정사, 빈연정사, 겸암정사, 옥연정사와 상봉정이 있다.

마을의 중심을 통과하면 끝 부분에 도달할 무렵 두 형제에 의하여 완성되다고 한 유운룡과 유성룡의 고택을 만난다. 두 사람의 흔적은 곳곳에 숨어 있다. 우선 집을 찾아보면 유운룡의 집이 양진당이고 유성룡의 집이 충효당이다. 양진당과 충효당은 보물로 지정된 특별한 건물이다. 독특한 아름다움을 가지고 있고 서로 다른 특색을 가지고 있는 집이다. 솟을대문을 통과해 들어가면 사랑채 대청을 먼저 만난다. 대청에 걸린 현판의 글씨가 먼저 반긴다. 사랑채 대청에 걸려 있는 충효당忠孝堂이라고 쓴 현판은 명필가였던 허목이 쓴 것으로 가늘면서 기하학적 곡선으로 휘어진 글씨가 품위를 보여준다.

충효당은 유성룡이 지은 집이 아니다. 유성룡의 손자와 제자들이 생전의 학덕을 추모하기 위해 지은 것이다. '충효당'이란 집 이름은 평소 유성룡이 '나라에 충성하고 부모에 효도하라'고 입이 닳을 정도로 강조하고 다녔다는 데서 유래하였다. 당대에 현재의 모습으로 지어진 것이 아니라 여러 대에 걸쳐 증축되면서 지금에 이른 것이다. 행랑채, 사랑채, 안채로 구성되어 있는데 사랑채와 안채는 손자인 유원지가 짓고, 증손자인 유의하가 확장 수리했다. 행랑채는 8대손 유상조가 지은 건물로 대문과 방, 광으로 구성되어 있다. 들어서면서 바로 왼쪽에 행랑채와 함께 소 외양간이 있다. 아직도 소여물을 담아주던 여물통이 있다. 충효당은 북촌택·양진당·남촌택과 함께 ㅁ자형을 기본으로 하고 사랑채를 독립해서 짓지 않으며 몸채의 한 편을 연장해 사랑채로 한 특별한 형태를 보이고 있다.

양진당은 유성룡의 형 유운룡의 집으로 풍산유씨 종택이다. 하회에서는 드문 정남향집이며 풍산에 살던 유종혜가 하회마을에 들어와 최초로 지은 집이다. 임진왜란 때에는 화재가 나기도 했다. 양진당도 충효당과 함께 여러 대에 걸쳐 지어진 흔적이 보인다. 대종택으로서 손색이 없게 웅장하고 지금도 문중의 모임을 이곳 사랑채에서 가진다.

양진당은 풍산유씨 족보를 최초로 완성한 유영의 호에서 따왔고 사랑채에 걸려 있는 현판에 쓰여진 입암고택은 유운룡의 아버지의 호를 따서 지은 것이다.

형제의 집이 길을 사이에 두고 있듯이 두 형제의 정사도 부용대를 중심으로 양 옆에 자리하고 있어 형제애를 느끼게 해 준다. 부용대는 하회마을을 한층 더 아름답게 해 주는 명소이다. 깎아지른 단애절벽도 일품이지만 양 옆으로 옥연정사와 겸암정사를 품고 있어 또한 의미깊다. 옥연정사는 유성룡의 정사이고, 겸암정사는 유성룡의 형인 유운룡의 정사이다. 옥연정사는 유성룡이 『징비록』을 쓴 현장이기도 하다. 두 정사 사이에는 부용대를 건너지르는 길이 두 개 있다.

안동 하회마을 충효당 징비록을 지은 유성룡의 제자들과 후손들이 지은 집이다. 들어서면 왼편으로 소 외양간이 있고 여물통이 아직도 남아 있다. 하회마을에서 유성룡이 남긴 흔적으로, 충효당을 비롯하여 병산서원, 옥연정사, 원지정사 등이 있다.

하나는 형제 길이라 부르기도 하는 부용대 절벽에 있는 아슬아슬한 길이다. 한 사람이 겨우 지날 정도의 길인데 옥연정사와 겸암정사 사이로 서애 유성룡이 형을 만나러 다니던 길이라고 하여 형제 길이라고도 한다. 하회마을에 가면 꼭 이 길을 걸어보길 바란다. 눈 여겨 보지 않으면 찾을 수 없다.

또 하나의 길은 부용대 위로 난 길로, 이 역시 옥연정사와 겸암정사를 잇는 길인데 정상에 올라보면 하회마을이 한눈에 들어온다. 두 길을 걸어보면 하회가 아름다운 마을인 것을 실감하게 된다.

하회마을이 전통마을로서의 자리매김을 하고 유성룡, 유운룡 두 형제에 의하여 양반가를 이루었지만 하회만이 가진 민속은 우리나라에서 빼놓을 수 없는 중요한 무형 문화인 하회탈과 선유쥐불놀이이다. 하회탈은 국보 12호로 지정되어 국립중앙박물관에 보관되어 있다. 한국에서 가장 오래된 목제 가면으로 연대는 확실하지 않다. 많은 탈 가운데 유일하게 병산탈 2개를 포함하여 국보로 지정되었다. 우리의 귀중한 문화적 유산이며 가면 미술 분야에서는 세계적인 걸작으로 평가받고 있다.

하회탈은 양반, 선비, 중, 백정, 초랭이, 할미, 이매, 부네, 각시, 총각, 떡다리, 별채탈 등 12개와 동물 형상의 주지 2개가 있었다고 하는데 총각, 떡다리, 별채탈은 분실된 채 전해지지 않고 있다. 하회탈은 사실적 조형과 해학적 조형을 합하여 각 신분적 특성을 표현하고 있으며, 그 특성에 합당한 관상까지도 지니고 있다. 또한 얼굴은 좌우를 비대칭적으로 만들어 표정이 고정되지 않도록 하였으며 각 성격의 특성에 알맞은 표정을 짓도록 만들어졌다. 다른 어느 탈에서도 볼 수 없는 탈의 기능적 우수함을 가지고 있다.

양반, 선비, 중, 백정탈은 턱을 분리시켜 인체의 턱 구조와 같은 기능을 갖게 하여, 말을 할 때 실제의 모습처럼 실감나게 느낄 수 있도록 만들었다. 탈을 쓴 광대가 고개를 뒤로 젖히면 탈은 입이 크게 벌어지며 웃는 모습이 되고, 화를 낼 때에는 광대가 고개를 숙이면 탈은 윗입술과 아래턱 입술이 붙어 입을 꾹 다물어 화가 난 표정을 짓는다. 기가 막히게 한 얼굴에서 극단적인 감정인 웃음과 화난 표정을 만들어낸다. 뿐만 아니라 얼굴의 중심선에서 수직으로 선을 그어 내리면 좌우가 다른 표정을 하고 있다.

명랑한 발상이다. 하나의 탈이 여러 가지 감정의 변화를 담아낼 수 있는 기막힌 발상이다. 여러 개의 표정을 만들어내는 하회탈을 일러 "탈이 신령스러워 탈 쓴 광대가 웃으면 탈도 따라 웃고, 광대가 화를 내면 탈도 따라 화를 낸다" 라는 말이 전해져 내려온다. 세계 어느 나라에서도 이러한 탈은 없다. 한국적인 탈이면서 하회만이 가진 절묘함이 있다. 익살과 해학의 풍자극인 하회별신굿놀이는 지금도 안동에서 공연하고 있다. 세상과 웃음을 배워올 수 있는 멋진 자리이다.

또한 선유쥐불놀이는 또 다른 장관이다. 안동 하회마을 낙동강 변 만송정에서 부용대 꼭대기까지 230미터에 네 쌍의 줄을 연결한다. 줄에 뽕나무 뿌리 숯가루를 넣은 한지 뭉치를 매달아 태우는 놀이이다. 줄마다 매단 숯가루를 태우면 불꽃이 백사장과 강물에 비처럼 떨어지는데 불로 사라지는 신비와 어둠이 빚어내는 아름다움은 사람과 만나 절정을 이룬다. 가슴 벅찬 풍경이다. 서양 불꽃놀이가 장대하고 화려하면서도 순식간에 사라진다면 많은 품과 오랜 시간을 들인 정성의 무대가 선유쥐불놀이다. 쥐불놀이는 오랜 시간 탄다. 느리게 몸으로 살아온 선조들의 놀이임을 발견하게 된다. 줄불이 타면서 불꽃비가 내리면 낙동강에는 선유놀이, 즉 뱃놀이가 시작된다. 선비들이 배를 타고 시를 짓고 창이 울려 퍼진다. 쥐불놀이와 선상놀이가 하나로 만나면서 절정을 이룬다. 하회별신굿탈놀이가 서민의 놀이라면 선유쥐불놀이는 선비들의 놀이다. 선유쥐불놀이는 배 위에서 이루어지는 선유가 중심놀이다. 그 중에서도 선상 시회가 핵심이다. 불꽃비가 내리는 동안 시를 짓고 노는 문x을 숭상한 선비들의 놀이임을 확인하게 된다. 하지만 아이들은 시는 젖혀두고 불꽃놀이에 더 환호한다.

쥐불놀이는 태초의 고요함과 불이 타는 신비를 동시에 맛볼 수 있다. 연꽃 모형에 불을 붙여 강물에 띄워 보내는 달걀불놀이가 정적인 아름다움을 보여주고 부용대 꼭대기에서 불붙은 솔가지단을 떨어뜨리는 낙화놀이는 환상적이다. 하늘에는 달이 둥실 떠올랐고 별들이 점점 보석처럼 빛나는데 끝없이 떨어져 사라지는 불꽃은 영원과 순간의 아름다움이 함께 하는 자리에서 슬픔과 막막함을 동시에 느끼게 한다.

국제 탈춤 페스티벌이 열리는 때에 편성돼 있는 선유쥐불놀이는 압권이라고 단언하는 안동 사람이 많다. 450여 년 전부터 연중 행사로 매년 행해지던 놀이였으나 일제 강점기를 거치면서 맥이 끊겼다가 1997년 국제 탈춤 페스티벌 행사를 계기로 이제 완전히 전통적인 방식을 되살려냈다.

천년의 신라 땅에 핀 조선의 500년 세월, 양동마을

하회마을과 달리 양동마을은 덜 다듬어져 있어 오히려 정이 간다. 하회마을이 두 형제의 이야기를 빼놓으면 허전하듯이 양동마을에서는 두 집안의 이야기를 빼놓으면 허전하다. 하회마을과 양동마을은 조선 시대의 대표적 마을 유형인 씨족마을 중에서 역사가 가장 오래됐고, 경관 또한 가장 탁월한 곳으로 꼽힌다.

　씨족마을이란 장자 상속을 기반으로 같은 성씨의 혈연 집단이 대를 이어 모여 사는 유교 문화 특유의 마을이다. 안동 하회마을은 풍산유씨가, 경주 양동마을은 월성손씨와 여강이씨가 모인 씨족마을이다.

　조선 전기에 형성된 두 마을은 '개척입향開拓入鄕'과 '처가입향妻家入鄕'이라고 해서 씨족마을이 만들어지는 두 가지 전형적인 모습을 대표한다. 하회마을이 새로운 살 곳을 찾아 이주해 정착한 개척입향의 사례라면, 양동마을은 혼인을 통해 처가에 들어와 살면서 자리를 잡은 처가입향의 사례이다. 이후 수백 년을 거치면서 대표적인 양반 마을인 양동마을과 하회마을의 문중 간에 빈번하게 혼인이 이뤄졌다.

　양동마을은 월성 손씨와 여강 이씨가 조선 초 혼인을 통해 처가에 들어와 살면서 문벌을 이룬 처가입향妻家入鄕 혈연 마을이다. 처가입향이란 말이 생소하다. 처가입향이란, 처가를 따라 들어와 성공하여 씨족의 혈연을 독자적으로 이룬 집안이다. 다시 말해 사위로 들어와 자신의 집안을 일으켜 세워 처가와 함께 씨족마을을 이룬 마을이다. 우선 양동마을에는 독락당, 옥산서원, 동강서원이 포함된다. 연관성이 깊기 때문이다.

　양동마을에서는 손씨와 이씨 간의 역사를 빼놓으면 잘 이어지지 않는다. 약 520년 전 손씨의 선조인 손소라는 사람이 이 마을에 살던 장인인 풍덕 유씨 유복하의 상속자로 들어와 정착하면서 월성손씨의 종가가 되었다고 한다. 여강이씨 이번은 월성손씨의 외동딸과 혼인하여 양동마을에 들어와 살면서 조선 시대 성리학 정립의 선구적 인물인 이언적을 낳아 번성하게 되어 두 씨족이 거주하는 현재의 양동마을이 탄생하게 되었다. 양동마을은 월성손씨 40여 가구, 여강이씨 70여 가구가 남아 양대 문벌을 이룬 동족 집단 마을이다.

두 집안은 입향의 내력처럼 깊은 관계를 이루며 한 마을에 살아오면서 협력과 보이지 않는 경쟁 관계를 보여주고 있다. 협력과 경쟁의 관계가 오늘날 양동마을에도 남아 있다. 양동마을에는 특이하게도 건물 용도가 비슷한 것들이 두 개씩 있다.

경쟁을 보여주는 실체적인 건물이다. 겉으로는 화합하고 협력하면서 안으로는 경쟁 관계 속에서 발전해 왔음을 보여주는 실례이다. 대표적인 이야기 하나를 소개하면 더욱 흥미롭다. 서백당에 얽힌 이야기가 바로 그렇다. 서백당은 월성손씨의 종택이다.

월성손씨의 입향조인 손소가 서백당을 지을 때 이 집에서는 세 명의 인물이 난다는 이야기를 들었다. 예언대로 손소의 아들인 손중돈이 태어났

경주 양동 마을 한국 최대 규모의 대표적 조선 시대 동성 취락이다. 경주손씨와 여강이씨의 양 가문에 의해 형성된 마을로 손소와 손중돈, 이언적 등의 석학을 배출하였다.

다. 손중돈은 선정을 베풀어 청백리에 오른 사람이다. 손중돈에게는 여동생이 있었다. 여주이씨 이번과 결혼하고 해산하기 위하여 친정으로 왔다. 이곳에서 두 아들을 낳았는데 태어난 아이 중 하나가 조선 시대 성리학 정립의 선구자인 이언적이다. 동방오현이라 일컬어지는 인물이다.

손씨 집안에서는 이언적 같은 인물이 손씨에서 나와야 하는데 명당인 서백당에서 낳게 해 이언적이 태어났으니 딸에 의해 인물 한 명이 이씨에게 빼앗겼다고 생각하고는 이후부터 출가한 딸들이 서백당에서는 못 낳도록 했다. 3명의 인물 중 손중돈과 이언적, 둘을 낳았으니 이제는 하나 남은 인물을 다시는 딸의 집안에게 빼앗기지 않기 위한 조치였다. 출가한 딸들은 딸도 자식이라며 서백당에서 아이를 낳으려고 하는 보이지 않는 실랑이가 벌어졌다. 지금도 해산할 딸이 찾아오면 다른 집에서 해산하도록 하게 한다고 한다. 방문객에게도 이 방은 공개하지 않는다.

양동마을은 이시애의 난을 평정한 손소에 의하여 출발한다. 이시애의 난을 평정한 보상으로 세조에게서 안동부사, 진주목사 등의 굵직한 벼슬과 함께 10여 명의 집사 배속, 왕이 타던 내구마 1필을 하사받고 거기에다 노비 10구, 은 25냥, 관복 1벌, 토지 100결이 주어졌다. 100결은 지금의 약 몇 백만 평에 해당하는 땅으로 어마어마한 면적이다. 양동마을의 경제적 기반과 양반 마을로 정착하는 계기가 된다. 1결은 곡식 100짐을 생산해 내는 토지 면적이다. 상상을 초월하는 면적이 된다.

양동마을은 한옥마을의 대표적인 마을답게 명가라고 할 수 있는 건물들이 여럿 있다. 독특하고 특색을 가진 건물이다. 한옥은 같은 건물이 없다고 할 만큼 다양하고 변화가 많은 건축이다. 손씨와 이씨의 집안 경쟁 관계가 만들어 놓은 한옥인 만큼 더욱 빛나는 건물이 많다. 손씨 집안의 종가인 서백당에 대응해 지은 무첨당이 경쟁 속에서 빛나고, 손중돈의 집으로 손씨 대종가인 관가정이 세워지자 외척인 이언적이 입지를 마련하고자 더 크고 화려하게 지은 것이 향단이다. 경쟁력의 산물인 만큼 향단은 민가에서 가장 크게 지을 수 있는 최대치인 99칸이었으나 화재로 불타고 현재는 51칸의 단층 기와지붕으로 남아 있다.

	종가	저택	서당	서원
월성손씨	서백당	관가정	안락정	강학당
여강이씨	무첨당	향단	동강서원	옥산서원

양동마을은 화합하는 두 집안이 있어 아름답고, 경쟁하는 두 집안이 있어 더 아름다워진 공간이다. 한옥에 대한 애정이 있는 사람이라면 화합과 경쟁이 만들어낸 한옥의 아름다움을 한껏 즐길 수 있고 배울 수 있는 마을이다. 양동마을은 양반과 평민 그리고 하인이 공존하며 이어져 온 마을이다. 사대부가 살던 기와집과 하인들이 살던 가랍집이 한데 어우러진 양동마을은 아름답다.

해인사 장경판전
海印寺大藏經板

왕들의 절, 해인사에
팔만대장경과 관련된 국보가 모여 있다

특별한 일이 벌어졌다. 보물보다 보물을 보관하는 건물이 먼저 세계문화유산으로 지정되는 이례적인 일이다. 우리나라는 중요한 문화재를 보물이라 하고 그보다 더 역사적인 근거를 가졌거나 희귀한 유산을 국보로 지정하고 있다.

팔만대장경은 국보이다. 국보인 팔만대장경이 세계문화유산으로 지정되기 전에 팔만대장경판을 보관하는 판전이 먼저 1995년 12월에 세계문화유산으로 등록되고 나서 한참 후인 2007년 6월에 팔만대장경판은 세계기록유산으로 등재되었다. 어떤 나라에서도 보관 창고가 세계문화유산으로 등재된 경우는 없다. 자연을 이용한 과학적인 체계와 자연에서 얻은 놀라운 지혜를 집대성한 장경판전은 그만큼 독보적이고 창의성에 기반한 과학적 성과임을 보여준 사례로 한국인의 긍지이다.

장경판전을 이야기하려면 먼저 해인사에 대하여 이야기가 시작되어야 한다. 해인사 가장 깊은 곳에 장경판전이 있고 장경판전 안에 팔만대장경이 보관되어 있다. 서양적인 사고에서는 물리적인 중심이 중심이지만 한국적인 사고에서는 가장 중요한 것이 있는 곳이 중심이 된다. 동심원 상의 중심이 아닌 심성의 중심이 진정한 중심이 되는 것이 한국인의 사고 체계이다. 그리고 일반적으로 우리에게 중심은 안쪽에 위치한다. 전체를 관망하고 자연과 사람이 만나는 지점이 중심이 된다. 산과 만나는 지점이 중심이 되는 원리는 자연과 사람이 하나로 통합된 상황에서의 중심이 진정한 중심이 되기 때문이다.

합천 해인사 팔만대장경이 있어서 더 유명해졌지만 해인사는 걸어 들어갈수록 깊어지는 아름다움을 가졌다.

한국의 사찰에서 중심이 되는 대웅전은 뒤쪽에 자리한다. 자연을 빼놓고 중심을 논하는 서양적 사고에서 성당이나 교회는 도시의 한복판에 자리하지만 우리의 사고 체계에서의 중심은 산을 끼고 물을 안은 그 안에 자리한 사람이다. 해인사에서 가장 깊은 곳이면서 가야산과 만나는 곳에 장경판전이 있고 그 안에 팔만대장경이 있다. 가야산과 해인사가 만나는 곳이 전체를 끌어안은 중심적인 위치로 자리 잡는다.

해인사는 걸어 들어가는 입구에서부터 감동하게 된다. 소나무가 진풍경을 이루는 가야산과 무릉교에서 시작하여 홍류동 계곡은 홍송이 울창하다. 장장 10여 리의 수석과 송림으로 이어져 어떤 사찰과 명산에서도 보기 어려운 경관을 보여준다. 해인사 일대의 풍광에 감동이 일기 시작해서 절에 들어서면 흐뭇한 감흥에 사로잡힌다. 아름답다는 말을 하기보다는 아름다움에 감복하게 된다. 오죽하면 초대 주한 프랑스 대사를 역임한 로제 샹바르는 가야산의 승경과 고려팔만대장경판에 감복되어 마지막 유언에 "나의 유해를 분말하여 해인사에 뿌려달라" 하여 유언대로 해인사 천불동에 뿌려졌다.

해인사는 왕들의 절이다. 신라에서부터 고려를 거쳐 불교를 멀리 했던 조선의 왕들까지도 해인사를 지을 때나 늘릴 때에 중요한 역할을 했다. 왕이 짓고 세월이 흐르면서 다른 왕이 절을 늘리고 다른 왕이 다시 늘려 현재에 이르고 있다. 그야말로 해인사는 왕들의 절이다. 국찰이라는 이름을 가지게 된 사연은 신라로 거슬러 올라간다. 신라 제40대 애장왕 때의 순응과 이정이 당나라에서 돌아와 가야산에 초당을 지은 데서 시작된다.

애장왕의 비가 등창이 났는데 그 병이 낫자 이에 감동한 왕이 해인사 창건에 착수하였다. 고려조에는 918년 고려를 건국한 태조가 당시의 주지 희랑이 후백제의 견훤을 뿌리치고 도와준 데 대한 보답으로 이 절을 고려의 국찰로 삼아 해동 제일의 도량이 되게 하였다. 조선조에 들어서 1398년에 강화도 선원사에 있던 고려팔만대장경판을 지천사로 옮겼다가 이듬해 해인사로 옮겨와 호국 신앙의 요람이 되었다. 그 후 세조가 장경각을 확장·개수하였고 성종 때에는 절을 대대적으로 증축했다. 왕과 밀접한 관계를 유지하며 지금에 이른다.

한곳에 국보가 여럿 있는 경우는 거의 드물다. 불국사 다음으로 해인사는 국보와 보물이 밀집해 있는 곳이다. 해인사에는 국보가 셋 있다. 팔만대장경판 국보 32호, 해인사장경판전 국보 52호, 해인사고려각판 국보 206호이다. 이 셋은 따로 존재하는 것이 아니라 하나의 거대한 완성을 위하여 보완적인 존재로 한 자리에 모여 있다.

해인사 장경판전은 해인사에 있는 팔만대장경판을 보관하는 건물이라는 뜻이다. 장경판전에는 팔만대장경만 보관되어 있는 것이 아니라 고려각판도 함께 보관되어 있다. 고려각판은 대장경판과는 달리 대장경판을 보관한 두 판고 사이에 있는 동재東齋와 서재西齋에서 뒤섞인 채로 보관되어 왔다. 해인사 잡판으로 불리어오다가 정리 과정에서 팔만대장경보다 훨씬 전에 새겨진 것이 발견되어 놀라게 했고 다양한 곳에서 판각되었으며 귀중한 내용이 들어 있어 문화재로서 귀중한 가치가 뒤늦게 인정되었다. 국보로 별도 지정된 것은 최근이다. 1982년 총 54종 가운데 28종이 국보로 지정되었고 26종은 보물로 지정되었다.

후박나무를 짠물에 담가 지방기를 빼고 나뭇결을 삭혀 잘 말린 다음 판각하였으므로 원형이 잘 보존되어 있다. 이 목판에는 불교 경전과 신라와 고려를 비롯한 중국의 고승이나 개인의 시문집 및 저술 등으로 이루어져 있다.

특히 경전류에는 대부분 간행 기록이 있어 고려 시대 불교 경전의 유통이나 불교 신앙의 경향을 엿볼 수 있다. 고승이나 개인의 시문집 및 저술 등은 어디에서도 찾아볼 수 없는 소중한 문화유산이다. 간행 기록이 없고 전권을 갖추지 못한 것도 많지만 그 내용이 전하지 않거나 역사적으로 귀한 자료들이다. 대장경판과 함께 고려 시대 판각 기술을 알 수 있을 뿐만 아니라, 한국 불교사 및 문화사 연구에 귀중한 자료이다. 2007년 6월 '고려대장경판 및 제경판'으로 유네스코 지정 세계기록유산에 지정되었다.

자연을 이용한 과학적인 체계와
경험으로 만들어낸 장경판전

우리나라에 삼보사찰이 있다. 삼보의 의미는 세 가지 보배라는 뜻으로, 귀와 입과 눈을 이르기도 하지만 불가에서는 불법승을 말한다. 불법승佛法僧은 부처, 교법, 승려를 말한다. 부처라 함은 부처의 몸을 말하고, 법은 부처의 말씀을 적은 경전이고, 승은 승려이다. 불교에서 세 가지 보물을 대표하는 절을 일러 삼보사찰이라 한다. 부처의 몸을 모신 통도사, 부처의 말씀인 경전을 모신 해인사, 뛰어난 승려들을 배출한 송광사를 삼보사찰이라 한다.

통도사는 부처의 몸의 일부인 진신사리가 모셔져 있어 불보사찰이라 한

삼보사찰 삼보는 불교에서 귀하게 여기는 세 가지 보물이라는 뜻이다. 한국에서는 불보사찰인 통도사, 법보사찰인 해인사, 승보사찰인 송광사가 삼보사찰이다.

다. 통도사에서 가장 특별한 점은 대웅전에 부처가 앉는 자리인 불단은 있으나 불상이 모셔져 있지 않다. 부처의 진신사리를 안치하고 있어 불상을 따로 모실 필요가 없다. 진신사리는 곧 부처의 몸이기 때문이다. 송광사는 조계종의 발상지로서 약 180년 동안 16명의 국사를 배출하면서 승보사찰의 지위를 굳혔다. 그리고 해인사는 세계에서 가장 뛰어난 팔만대장경을 보관하고 있는 곳으로 법보사찰이 되었다. 팔만대장경은 중국이나 일본의 어느 경전보다도 내용이 알차고 방대하다. 인도에도 이러한 경전은 없고 세계 어디에서도 해인사에 있는 팔만대장경과 견줄 만한 경전은 없다.

경상남도 합천의 해인사 대적광전 뒤편의 장경각에는 팔만대장경의 경판이 현재까지도 부식되거나 훼손됨이 없이 잘 보관되어 있다. 해인사 장경판전은 13세기에 만들어진 세계적 문화유산인 고려 대장경판 8만여 장을 보존하는 보고로서 해인사의 현존 건물 중 가장 오래된 건물이다. 장경판전은 정면 15칸이나 되는 큰 규모의 두 건물을 남북으로 나란히 배치하

장경판전 법보전 경판을 보관하는 창고가 국보가 되고 세계문화유산으로 지정된 예는 없다. 장경판전은 자연을 이용한 당대 최고의 과학적인 보관 창고이다.

였다. 장경판전 남쪽의 건물을 수다라장, 북쪽의 건물을 법보전이라 하며 동쪽과 서쪽에 작은 규모의 동·서사간판전이 있다.

건물을 간결한 방식으로 처리하여 판전으로서 필요로 하는 기능만을 충족시켰을 뿐 장식적 의장을 하지 않았다. 전·후면 창호의 위치와 크기가 서로 다르다. 통풍이 원활하고, 방습 효과가 있으며, 실내 온도가 적정 유

해인사 장경판전

지되고, 판가의 진열 장치 등이 매우 과학적이며, 합리적으로 되어 있다. 대장경판이 지금까지 온전하게 보존되어 있는 중요한 이유 중의 하나이다.

장경판전은 세계 유일의 대장경판 보관용 건물이며, 해인사의 건축 기법은 조선 초기의 전통적인 목조 건축 양식을 보이는데 건물 자체의 아름다움은 물론 건물 내 적당한 환기와 온도·습도 조절 등의 기능을 자연적으로 해결할 수 있도록 설계되었다. 이 판전에는 대장경판이 보관되어 있으며, 글자 수는 무려 5천2백만여 자로 추정되는데 이는 우리나라 전 국민이 한자씩 해도 남는 숫자다.

대장경의 경판에 쓰인 나무는 섬 지방에서 벌목해 그것을 통째로 바닷물에 3년 동안 담갔다가 꺼내어 조각을 내고, 다시 물에 삶았다가 그늘에 말려 사용했다. 그것을 다시 대패로 다듬어 경문을 새겼다.

먼저 붓으로 경문을 쓰고 나서 그 글자들을 다시 하나하나 판각하는 순서를 거쳤다. 대장경을 만드는 데에 들인 정성과, 한 치의 어긋남과 틀림도 허용하지 않은 그 엄정한 자세는 상상하기조차 힘든 것이었다. 서른 명 남짓한 사람들의 솜씨로 쓴 구양순체의 글자꼴이 아름답다. 한 사람이 쓴 듯이 일정하고 오자나 탈자가 거의 없는 완벽에 가까운 대장경을 이루고 있다.

경판의 마무리까지도 세심하게 손을 본 이 대장경은 그 체제와 교정이 정확하며 조각이 섬세하고 정교하다. 이미 없어진 거란장경의 일부를 비롯하여 중국 대장경에는 없는 경전까지 포함하고 있어 중국 최고의 대장경이라고 일컬어지는 만력판이나 또 후세에 만들어진 어떤 대장경도 따라올 수 없는 독보적인 대장경으로 평가되고 있다. 고려대장경은 근대에 만들어진 일본의 신수대장경을 비롯한 현대의 불교대장경들의 본보기로 자리 잡았다.

팔만대장경 판전은 팔만대장경판을 보관하고 있는 목조 건축물로서 1488년에 건축되어 국보 제52호로 지정되었으며 유네스코가 지정한 세계문화유산이다. 경판전 없는 팔만대장경은 오늘에 있어서 이야기하기 어렵다. 경판전이 없다면 대장경을 제대로 보존한다는 것이 불가능하기 때문이다. 단순하면서도 투박하고 엉성해 보이기까지 한 경판전이 팔만대장경을 5백년 넘도록 지켜온 비밀은 과연 무엇일까? 바로 신비의 환기창과 구조적인 치밀함에 있다.

경판전은 마주보는 두 개의 긴 일자형 건물과 그 좌우의 작은 건물로 이루어져 있다. 긴 건물 중 앞쪽이 수다라장, 뒤쪽이 법보전, 두 건물의 앞뒷벽 위아래에는 각각 붙박이살 환기창이 있다. 보관 창고 역할의 핵심이다. 창의 크기가 모두 다르다는 점이 두드러진 보관 창고로서의 신비스러운 역할 수행이다. 수다라장 앞쪽 벽 남향 창은 아래창이 위창의 4배이고 뒤쪽 벽의 북향 창은 위창이 아래창의 1.5배 정도이다.

법보전도 각각의 크기는 좀 다르지만 비율은 비슷하다. 내부로 들어온 공기가 아래위로 돌아나가도록 하고 동시에 공기 유입량과 유출량을 조절함으로써 적정 습도를 유지하도록 특별하게 고안한 것이다. 그리고 같은 배열의 창문도 조금씩 다른 크기로 만들었는데 크기를 다르게 한 원인은 아직도 찾지 못하고 있다. 우리 조상들의 최고의 지혜로운 작품이며 문화유산이다.

놀라운 상상력과 자연에 대한 이해로 고안된 장경판전

해인사를 탐방한 사람들이면 벽면의 절반 이상을 차지한 격자로 된 넓은 유자창, 그것도 위아래, 앞뒤의 창 모양이 다른 독특한 배열 상태의 건물 구조와 경판 꽂이 구조가 호기심을 자아내게 한다.

언뜻 보면 헛간 비슷하다. 농기구나 생활 물품을 둔 통풍이 잘 되는 창고 같다. 수다라장은 정면 15칸 중 가운데 칸에 문을 만들고 앞면에는 상하 인방과 좌우 문설주에 곡선으로 된 판재를 고정시켰다. 그 안으로 좌우 양측으로 경판장으로 들어가는 출입문이 있고 경판을 판가에 보관했다.

건물 후면의 개구부는 상하 인방과 문설주만 만들고 문을 달지 않아 통풍이 잘 되도록 만들었다. 평면은 기단 위에 네모지거나 자연석 위에 초석을 두어 앞뒤에 평주 열과 중앙에 높은 기둥으로 열을 지어 배치했다.

법보전은 수다라장에서 약 16미터 동북쪽에 떨어져 앞의 건물과 같은 규격으로 나란히 놓여 있다. 중앙 칸은 안쪽 높은 기둥열이 있는 곳까지 벽을 만들었다. 경판장에 출입하는 문은 수다라장과는 달리 분합문이 있는 칸의 좌우 양 협칸에 두 짝 판문을 만들어 출입한다.

법보전과 수다라전은 모두 50미터가 넘는 긴 건물로 앞면 15칸, 옆면 2칸으로 전체 30칸 195평으로 된 같은 크기의 건물이다. 두 건물의 상하전후에 각각 크기가 다른 유자창이 설치되어 있다. 서남향으로 앉은 건물에 만들어진 창의 환기와 빛의 각도가 절묘하다. 광선과 공기의 흐름이 기가 막히게 자연적인 상황을 이해하고 만들어졌음을 실험을 통해 확인할 수 있다.

빛 중에서 자외선은 이끼, 곰팡이, 곤충, 식물 등의 생육 번식을 막는 작용을 한다. 적외선은 찬 바닥 흙 면을 데워서 공기의 대류를 촉진시켜 건물 내부의 온도를 균일하게 하는 긍정적인 효과가 있고 반면 자외선, 적외선, 가시광선은 목질을 변질시키는 악영향을 준다.

장경판전의 비밀은 서로 다른 상황의 현상을 빚어내는 빛의 작용을 독특한 지형과 기상이 주는 자연 환경에 적응하도록 설계했다는 점이다. 경험의 산물이며 자연을 해석하는 장인 정신이 아니고서는 엄두도 내기 어려운 작업이다. 건물의 형태와 구조를 이용하여 보관 창고로서의 최대 효과를 자연에서 찾은 점이 기발하다. 가야산의 중턱에서 조금 올라선 경사 분지에 위치한 서남향으로 기운 건물과 서로 다른 크기의 창문, 경판 배열 위치, 공기의 흐름 상태 등이 장경판전이 위치한 상황과 조화롭게 상생하는 결과를 만들어낸다.

흙으로 된 바닥에는 햇빛이 비치고 경판에는 직접적인 햇빛이 닿지 않도록 한 방법을 채용하였다. 아침에는 뒷면 아래의 탁 트인 넓은 창을 통해서 들어오는 일광이 판가를 비치는 것을 피할 수 있도록 했고 반면 흙바닥을 데워서 따뜻하게 했다. 각기 다른 바닥 흙에 비치는 햇빛의 양을 이용하여 공기의 대류를 촉진시켰다. 쾌청한 날의 오전에는 건물 뒤쪽에서 대기가 상승하여 전면 위를 휘감아 돌아서 전면 아래로 내려오는 대기의 순환, 즉 대류가 일어나게 되고 건물 내부의 온도와 습도를 균일하게 해 준다. 오후가 되면 반대로 실내 앞면의 흙바닥이 아랫목이 되고 뒷면 흙바닥이 윗목으로 변해서 오전 중과는 반대가 되는 대류를 만든다. 경판전 내의 넓은 공간이 균일한 온도와 습도를 유지시키는 방법의 창안이다.

장경판전 창 아침저녁으로 부는 바람의 양과 방향에 따라 습기를 조절하고 상하의 창의 크기를 달리하여 통풍과 대류를 적극적으로 도입하였다.

그리고 두 장씩 포개 세워서 꽂혀 있는 경판의 독특한 배열 방법이 굴뚝 효과로 좁은 경판 사이 간극을 통과하면서 서서히 상승하는 대기의 또 다른 소규모의 국부적 대류권을 형성하여 온도와 습도를 조절하고 균일하게 해 준다. 지나치게 습기를 포함한 습한 날에는 경판과 판가 등이 대기 중의 수분을 흡수하여 대기를 건조시켜 습도를 낮추어 준다.

사람에게 가장 큰 영향력을 주는 별은 누가 뭐라고 해도 우리가 머물고 있는 지구이다. 다음으로 큰 영향력을 가진 별이 태양이다. 태양의 영향은 절대적이어서 하루만 태양이 사라져도 지구는 동토가 된다. 일식이 한 시간 정도만 진행되어도 온도가 약 7도 정도 떨어진다고 한다. 그만큼 태양의 영향은 크다. 태양에서 뿜어져 나오는 열을 장경판전처럼 잘 이용한 곳도 없다. 세계적인 건물이 되게 한 것은 이러한 여러 가지 현상을 기가 막히게 대장경판을 보호하는 데 사용하였다는 점이다. 빛이 들어오는 각도에 따라 자연 대류가 되도록 고안한 장인의 정신이 놀랍다.

또한 건조한 대기 상태일 때는 경판과 판가 등 목재가 가진 수분을 방출함으로써 실내의 습도를 높게 한다. 목재를 오래도록 보관하기 위해서는 경판의 수분 함량을 일정한 범위에 머무르게 하는 것이 중요하다. 목재가 수분을 흡수할 때는 열을 발산하여 주위의 대기 온도를 높이고 반대로 건조되면서 수분을 방출할 때는 열을 흡수하여 실내 공기를 차갑게 만든다. 판전건물 내부에 자리하고 있는 평균 3.3킬로그램 되는 경판 4만여 장과 판가는 노출된 기둥 석가래 목재와 더불어 습기와 온도를 조절하는 완충 작용을 하고 있다.

4킬로그램 경판 한 장은 기상 변화에 따라서 1일 80그램 정도 중량 증감이 생긴다. 경판 한 장이 가진 습기와 온도 조절 효과는 제법 크다. 장경판전 바깥의 외기가 큰 일교차를 보여주는데 반하여 장경판전 내부에서는 5도 이내의 적은 값을 보여주는 것을 보면 두드러진 온도 완충 작용을 하는 것을 알 수 있다. 거의 개방 상태나 다름없는 장경각전 내부가 섭씨 5도 정도의 변화만을 가지는 것은 놀랍다.

대장경을 장기 보존하는 데 가장 문제가 되는 것은 습도라 할 수 있다. 습도가 너무 높으면 판이 썩어 들어갈 위험이 있고 너무 낮으면 갈라질 우려가 있다. 1979년 문화재관리국이 공기조화냉동공학회에 의뢰하여 조사했다.

학자들의 정밀 조사에 의하면 장경판전 내부의 온도는 0.5에서 2도 정도 낮게 유지되고 습도 역시 외부에 비해 5에서 10%가량 낮은 상태로 유지된다. 경판전의 습도 조건은 연중 50에서 70%로 경판을 보관하는 데 최적의 조건을 유지하고 있다. 건조한 계절에도 30에서 40% 이하로 내려가는 경우가 드물다.

습한 환경은 이끼나 벌레가 사는 조건 및 상태를 만들게 된다. 이를 극복하기 위하여 우리 선조들은 오래 전부터 옻칠을 했다. 옻칠은 방습과 방염, 방충 등에 강하고 미생물과 곰팡이의 생성과 발생을 억제시켜 준다. 경판이 온전히 보존되어 온 것은 해발 645미터에 있는 판고가 지역적 특성상 3개의 계곡이 만나는 지점으로부터 1킬로미터쯤 북쪽에 위치해 바람이 불어 자연적인 습도 조절이 이루어지고 장경판전의 시설 자체가 조절 기능을 잘 하고 있기 때문이다.

현재 경판은 5단으로 된 판가 각 단에 빼곡히 세워져 있는데 이 때문에 밑에서부터 맨 위까지 경판 사이 틈을 통해 바람이 지나면서 골고루 습도를 조절해 주는 것이다. 장경각 내부, 팔만대장경은 습기를 최대한 없애고 바람이 잘 통하도록 설계된 건물에 보관되었다.

장경판전의 우수성은 신판고의 실패에서 더욱 두드러진다. 1979년 정부는 상당한 재원을 들여 지금의 경판전과는 좀 떨어진 위치에 신판고를 지었다. 그러나 결과는 실패였다. 최신 설비를 갖춘 콘크리트 구조의 새 건물로 지었다. 경판전과 같은 정도의 습도와 온도를 유지하기 위해서는 유지 비용이 막대했으나 공기의 대류가 이루어지지 않고 습도 조건이 나빠져 새 경판전으로는 쓰지 못하고 있다.

세종대왕이 팔만대장경을 일본에 주려 했다

팔만대장경은 여러 번 위기를 넘겼다. 첫 번째는 세종에 의해서였다. 자료를 찾다가 의외의 사실에 놀랐다. 세종 5년, 1422년 12월 25일의 조선왕조실록에는 이런 내용이 있다.

임금께서는 '대장경판은 무용지물인데, 일본에서 간절히 청구하니 아예 주어버리는 것이 어떤가?' 하였다. 이에 대신들이 말하기를, '경판은 비록 아낄 물건이 아니오나, 일본이 달라는 대로 들어주는 것은 먼 앞날을 내다보지 못하는 셈이 됩니다.' 고 하여 일본에 넘기는 것을 반대하였다.

세종실록에는 또 이런 기록도 있다.

세종 19년 4월 28일, '일본국에서 매양 대장경판을 달라고 하는 것은 우리나라가 불교를 숭상하지 아니하고, 또 서울에서 멀리 떨어져 있기 때문에 억지로 청하면 반드시 얻을 수 있으리라고 생각한 까닭이다. 서울 근처인 회암사나 개경사 같은 곳에 옮겨 두면, 우리도 귀하게 여기는 보배인 줄 알고 더 이상 달라고 하지 않을 것이다' 고 임금님이 말씀하였다. 그러나 신하들은 옮겨오는 과정의 어려움을 들어 반대한다.

불교를 국교처럼 믿어 온 일본은 조선 중기까지도 대장경을 보내 달라고 애원도 하고 때로는 협박까지 했다. 불교를 포기하고 유학을 받아들인 조선은 팔만대장경이 불필요한 것이었다. 조선 초기에는 일본의 끈질긴 요구를 어떻게 처리할 것인가가 외교 현안으로 떠올랐다. 일본의 간청을 받아들이면 골치 아픈 일이 해결된다고 본 세종은 고민 끝에 일본에 넘겨줄 것을 신하들에게 넌지시 떠본 것이다. 그리고 세종의 생각대로 서울 근교로 옮겨왔더라도 임진왜란, 병자호란, 한국동란으로 이어지는 역사의 격변기에 남아났을 가능성이 적었다.

두 번째 위기는 임진왜란 때였다. 조선은 평화를 즐기며 조선 건국 200주년을 준비하고 있었다. 조선 개국 200주년은 피의 전쟁으로 시작되었다. 선조 25년, 1592년 4월 13일에 일본은 조선을 정복하기 위해 쳐들어왔다. 부산에 상륙한 일본군은 일방적인 승리를 하며 27일에는 해인사 바로 직전인 성주를 점령했다. 성주에서 합천 해인사로 들어와 탐내던 팔만대장경판을 약탈하는 데는 하루 이틀이면 충분한 거리였다. 그러나 홍의장군 곽재우를 비롯하여 거창과 합천에서 일어난 의병들이 일본군의 해인사 진입을 막아냈고, 스님들도 승병을 모아 해인사를 지켰다.

세 번째의 위기는 동족상잔의 비극적인 한국동란 때였다. 남침한 인민군은 인천상륙작전으로 전세가 역전되자, 미쳐 북쪽으로 퇴각하지 못한 천여 명이 해인사를 중심으로 게릴라 활동을 하고 있었다. 소탕 작전을 벌리고 있던 국군은 미국 공군에 공중 지원을 요청하였다. 1951년 12월 18일 김영환 대령이 이끄는 전투기는 해인사 폭격 명령을 받고 출격했다. 김영환 대령은 여러 가지 이유를 붙여 해인사 일대에 폭격을 요청한 미군 작전 당국의 명령에 불복하고 폭격하지 않았다. 당시의 전투기는 5백 파운드짜리 폭탄 2개를 적재하는 F-51이어서 만약 명령대로 폭격이 이루어졌다면 팔만대장경은 순간 재로 변했을 것이다.

그리고 네 번째로는 화재였다. 대장경판이 만들어진 이후 750년 동안에 수많은 화재가 있었을 것이다. 기록이 시작된 1695년에서 1876년까지 2백여 년 동안에 일어난 화재만도 무려 7차례였다. 기록에 없는 화재까지 포함한다면 적어도 수십 차례의 화재가 더 있었을 것이다. 현재까지 원상태에 가깝게 보존되고 있음은 기적에 가깝다. 한국의 문화유산이 세계적인 유산으로 남게 해 준 것에 감사한다. 『금강경오가해金剛經五家解』의 한 부분을 옮기는 것으로 다시 한 번 감사한다.

　　木佛不渡火　　나무부처는 불을 건너지 못하며,
　　金佛不渡爐　　금부처는 용광로를 건너지 못하고,
　　土佛不渡水　　진흙부처는 물을 건너지 못한다.
　　心佛無處不渡　오직 마음의 부처만이 건너지 못하는 곳이 없다.

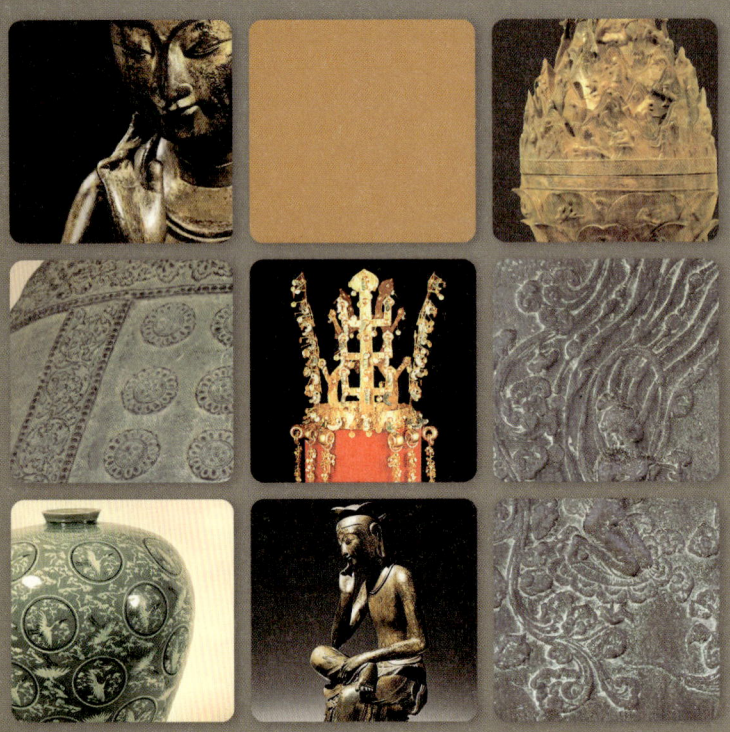

부록

금동미륵보살반가사유상 金銅彌勒菩薩半跏思惟像

황남대총금관 皇南大塚金冠

성덕대왕신종 聖德大王神鍾

청자상감운학문매병 靑磁象嵌雲鶴文梅瓶

백제금동대향로 百濟金銅大香爐

금동미륵보살반가사유상
金銅彌勒菩薩半跏思惟像

한국의 정신, 동양의 정신, 우주의 정신

동양 미술사의 기념비적 작품이라 평가받는 국보 83호 금동미륵보살반가사유상은 완벽한 조형성과 철학적·종교적 깊이로 국립중앙박물관을 대표하는 걸작 중의 걸작이다. 이 불상은 독립된 방에 홀로 전시되어 있음에도 전체 공간에 스며든 기품과 아름다움이 신비를 만들어내고 있다. 미술사가 최순우는 일찍이 이 불상에 대해 이렇게 평했다.

"슬픈 얼굴인가 하고 보면 슬픈 것이 보이지도 않고, 미소짓고 계신가 바라보면 준엄한 기운이 입가에 간신히 흐르는 웃음을 누르고 있어서 형언할 수 없는 거룩함을 뼈저리게 해 준다."

"이 반가사유상의 아름다움은 인간이 만들어낼 수 있는 모든 아름다움을 초월한 것이며 … 말로 표현하기 어려운 한아의 아름다움은 보는 사람으로 하여금 한숨을 내쉬게 조차 한다. … 서양인은 모나리자의 미소를 최고로 여겨 '영원한 미소'라고 예찬하는데 미륵보살반가사유상과 나란히 놓는다면 모나리자의 미소 정도는 당장 안색을 잃을 것임에 틀림없다."

한아閑雅의 아름다움이란 주체할 수 없는 아름다움을 말한다. 높이 93.5센티미터의 이 금동불은 오른쪽 다리를 왼쪽 다리에 걸치고(반가半跏), 오른쪽 위에 올려놓은 오른 팔로 턱을 괸 채 깊은 생각에 잠겨 있어(사유思惟) 흔히 반가사유상이라 한다. 세상에 대한 고뇌를 막 넘어서서 고요의 세계를 맞은 청년, 미륵의 모습은 어디 하나 건드릴 곳이 없이 완벽하다. 이토록 정적인 웃음을 표현한 것은 없을 것이다. 이 작품 근처에 가면 저절로 공기의 흐름이 고요해진다.

상체는 옷을 걸치지 않은 맨살로 두 줄의 목걸이만 걸치고 있지만 청정의 마음에 조금도 변함이 없게 만드는 특유의 엄숙함이 담겨 있다.

국보 78호와 국보 83호는 비슷한 모양과 크기로, 모두 팔을 턱에 대고 생각하는 모습을 하고 있어 2010년에 명칭이 '금동미륵보살반가상'에서 '금동미륵보살반가사유상'으로 바뀌었다. 위대한 작품 금동미륵반가사유상은 출처를 지금도 모른다. 나라를 잃은 국치 기간 동안 금동미륵반가사유상도 치욕스러운 일을 겪었다. 불상을 획득한 가지야마는 1912년 이왕가 박물관장으로 있던 스에마쓰 마히코에게 접근해 이 불상을 2,600원을 받고 팔았다. 1910년대 조선의 쌀 한 가마 가격이 4원 정도였으니 비싼 금액이다. 가지야마는 불상을 팔면서 그 출처를 얼버무렸다. 오히려 경주의 폐사지에서 나온 것이라고 거짓말을 하는 바람에 한참 동안 그 출처가 경주라고 믿었다. 계룡산에 살면서 백제 불상과 유물을 많이 연구한 이나다 순스이稻田春水는 이 불상을 보고 '충청도 벽촌에서 올라왔다'고 발표했다. 그래서 이 불상은 백제 불상으로 간주되고 정확한 출토지는 알려지지 않았다.

반가사유상은 부처가 깨달음을 얻기 전 태자 시절에 인생의 무상을 느끼고 중생을 구하겠다는 큰 뜻을 품고 고뇌하는 태자사유형에서 유래했다. 불교 교리의 발달에 따라 석가모니가 열반한 후 인간 세상에 나타나 한 사람도 빠짐없이 중생을 깨달음의 경지로 인도하겠다는 미래불인 미륵불의 신앙으로 발전하게 되었다.

불상이 의미하는 것을 보여주는 방법상의 하나로 수인과 지물이 있다. 수인手印은 손의 모양으로 보살의 염원을 보여준다. 불상과 더불어 우리들의 신앙과 귀의의 대상이 되고 있는 보살상들은 손에 갖가지 물건을 들고 있다. 들고 있는 물건을 지물持物이라고 하고 이러한 표현 수단을 계인契印이라고 한다. 계인은 보살의 특별한 서원이나 덕성 등을 묵시적으로 드러내는 역할을 한다. 지물들은 겉모습만으로는 확인할 수 없는 부처의 내면적인 면모를 손 모양을 통해 암시한다.

약사여래가 들고 계시는 감로수병이 대표적이며 감로수병에는 불사不死의 약이 담겨져 있다. 지물로 사용되는 물건들은 상당히 다양하다. 연꽃이나 법륜, 여의주, 경책, 칼 등이다. 법륜은 진리의 끊임없는 전파, 여의주는 모든 중생들의 소원을 들어 주는 불보살의 능력, 경책은 부처님의 가르침, 특히 문수보살이 자주 들고 있는 칼은 지혜의 단호하고도 날카로운 면을 상징한다. 이 중에서 연꽃은 번뇌에 물들지 않은 밝은 지혜를 표현한다.

삼국 시대 말기인 7세기 중엽에 가까워지면, 불상의 입체감이 강조되고 법의의 표현도 자연스러워지며, 불상의 전면뿐만 아니라 측면이나 뒷면의 묘사에도 관심을 두는 등 그야말로 입체 조각으로의 형태를 갖추게 된다.

불상의 제작 동기와 시기

불상 가운데서는 물론 석가상이 가장 먼저 만들어졌다. 최초의 불상은 나무로 만들었다고 하는데 가장 일찍 편찬되었다고 하는 『아함경』을 비롯한 여러 경전의 전설적인 서술에 의하면 코삼비국의 우다야나왕이 향나무로 석가의 모습을 조각하도록 했다는 것이 불상 조각의 시초이다.

그러나 이것은 어디까지나 전설로서 전하는 이야기일 뿐 사실로 받아들일 수는 없다. 왜냐하면 실제로 석가의 유적지로서 가장 오래된 부처의 조각에도 그 다음 시기의 바르하트탑, 산치탑 등의 조각에도 불상을 볼 수 없기 때문이다. 인도 초기의 불교 미술인 기원전 1세기 무렵의 대탑에는 부처의 모습이 표현되지 않았다. 조각에는 주인공인 석가를 표현하지 않고 상징적인 표현으로서 석가의 모습을 대신하고 있다.

다른 종교에서도 비슷하다. 기독교가 공인 종교가 될 때까지 조형 예술의 작품을 예배용으로 사용하는 것을 금지하였다. 다만 상징적인 그림만을 허용했는데 그리스도를 상징적으로 나타내는 경우 새끼 양이나 비둘기, 물고기, 포도나무, 조합 문자 등으로 표현했던 것은 물신적인 대상이 아닌 그 정신에 입각한 신앙의 입장을 표현하려는 마음에서였다. 성경에 나오는 우상을 숭배하지 말라는 발언의 영향이었다. 바로 이것이 고대 교회 및 교부들의 기본 입장이었다. 그래서 3세기 이전에 예수를 조형 예술로 표현하는 것은 성서에 대한 위반이고 우상 숭배라고 주장하였다.

예수를 그린 작품은 4세기에 이르러서도 거의 드물었고 그 표현은 5세기에 들어 가능해졌다. 석가는 부처의 보리수 아래서 깨달음을 얻은 후 대중 앞에서 설법하고 제자들을 가르쳤다. 석가 생전의 모습을 본다면 그가 입멸에 든 후 불상을 만들어 예배 공양한다는 행위는 석가의 근본 정신과는 관련성이 적다.

무불상 시대에 인도 불교도들이 부처를 기억하고 예배했던 대상은 부처의 몸을 다비해서 얻은 사리였으며 이 사리를 모시기 위한 탑은 일찍부터 만들어졌다. 바로 이 부처의 사리를 모시고 예배했던 인도에서의 탑이 우리나라에서 불교 전래 이후 전 시기를 통해 많이 조성되어 오늘날까지 전해 오는 석탑의 연원이 되었다. 실제로 불상의 출현은 훨씬 이후가 된다. 석가 입멸 후 500년 무렵이다. 이처럼 석가 입멸 후 500년이 되기 전까지 불상을 만들지 않았던 것은 부처의 신성에 대한 모독이 된다는 이유에서였다. 부처는 정신적으로만이 아니라 육체적으로도 보통 사람과는 다르다고 생각했기 때문에 감히 불상을 만들 수 없었다.

금동미륵반가사유상은 일본의 국보 1호인 교토 광륭사의 목조 반가사유상과 꼭 닮아 고대 한국 문화의 일본 전파를 입증하는 유물로 여겨져 왔다.

제작지도 백제인지 신라인지는 아직 결론이 나지 않았다. 국보 78호인 다른 반가사유상과 쌍벽을 이루고 있으나 좀 더 해맑은 미소와 꾸밈없는 소박함, 입체적 조형이라는 차이가 이 불상을 먼저 손꼽게 한다. 입가에 머금은 생기 있는 미소, 살아 숨 쉬는 듯한 고요한 얼굴 표정, 부드러운 바람결에도 흔들릴 듯한 옷주름, 상체와 하체의 완벽하고 정갈한 몸가짐, 손과 발의 섬세하고 미묘한 움직임, 모든 것들이 이상적으로 표현되었다.

외국인이 더 극찬하는 한국의 미소, 금동미륵 반가사유상

    한반도에서 건너간 것으로 알려진 일본 국보 1호 광륭사 목조 반가사유상은 소설가이자 고미술 평론에 일가를 이룬 앙드레 말로 전 프랑스 문화상으로부터 '인간 존재의 가장 청정하고, 가장 원만하며, 가장 영원한 모습의 상징'이라는 최고의 찬사를 받았다. 살포시 눈을 감고 깊은 철학적 명상에 빠진 모습이 국보 83호 반가사유상과 닮았지만, 그 표정은 깨달음의 경지에 가까이 다가간 듯한 느낌을 준다. 태양과 초승달을 결합한 장식이 솟아 있는 화려한 보관寶冠, 가느다란 듯 힘이 넘치는 신체의 곡선, 천의 자락과 허리띠의 율동적인 흐름, 두께 2~4mm로 유지한 고도의 주조 기술…. 미술 사학자 강우방은 "언뜻 고요해 보이지만 위대한 보살 정신의 생명력을 역동적으로 표현한 기념비적 작품"이라고 말했다. 대표적인 실존주의 철학자 칼 야스퍼스가 일본 금륭사에 있는 목조로 된 미륵반가사유상에 대해 이렇게 표현했다.

    광륭사의 미륵보살상은 진실로 완벽한 실존의 최고 경지를 한 점 미망 없이 완전하게 표현해 내고 있다. 나는 이 표정이야말로 가장 순수하고 조화로우며 세속적 잡사의 한계 상황을 뛰어 넘은 인간 실존의 영원한 모습을 상징한다고 생각한다. 철학자로서 지내 온 지난 수십 년간 인간 실존의 진정한 평화로움을 구현한 이 같은 예술품은 달리 본 적이 없다. 이 불상은 모든 인간이 다다르고자 하는 영원한 평화와 조화가 어울린 절대 이상 세계를 구현하고 있다.

    〈칼 야스퍼스의 'That beyond the defeat of the war'〉

일본의 국보 1호, 아스카 시대의 광륭사 미륵반가사유상을 보고 서양인의 눈으로 평한 글이다. 총 높이 137.5센티미터의 불가사의한 목불. 쇠붙이냐, 나무냐 하는 재질 차이만 빼놓고서는 일란성 쌍둥이 같다. 그러나 일찍이 1897년 일본 국보로 지정된 이래 우리나라와의 상관성은 늘 무시되어 왔다. 그러나 목불의 나무 재질이 우리나라 토산의 적송으로 밝혀지면서 그들도 더 이상 일본 고유의 것으로만 주장할 수 없게 되었다.

돌이나 쇠붙이와 같은 무생물과는 달리 따스한 생명이 감돌았던 나무로 빚어진 광륭사 반가사유상, 명상하고 있는 청년 미륵의 다부진 질감을 보여주는 국립중앙박물관의 금동미륵보살반가상, 단단한 석질을 유연하게 다듬어 부드러우면서도 후덕한 표정을 유감없이 보여주는 서산 마애삼존불, 이들 삼자는 각각 나무, 쇠, 돌로 상징되는 우리나라 불상의 최고 명품들인 것이다.

하나는 나무로 만들어져 일본의 국보로서 교토의 광륭사에 자리 잡았고, 다른 하나는 금동으로 만들어진 우리나라의 국보로서 서울의 박물관에, 또 다른 하나는 바위가 원석으로 다듬어 만들어져 자연 속에 푸근한 모습으로 자리하고 있다. 저마다 다른 재질로 미륵을 표현하고 있지만 바라보는 세상에 대한 따뜻한 시선은 같다.

일본 광륭사에 있는 사유상은 우리가 가진 작품보다는 약간 크지만 작품성으로는 국보 83호인 금동미륵반가사유상의 기품이 더 뛰어나다. 그리고 금동과 나무의 차이는 실로 기술면에서 차이가 난다. 금동은 나무로 만든 작품이 기본으로 있어야 틀을 만들 수 있다.

청년 미륵은 아름답다. 손가락마저도 아름답다. 미륵의 손가락에 숨은 뜻이 여리고 가냘퍼 보이기까지 하다. 여인의 손 같다. 미륵의 손가락은 세밀하게 깎은 약지를 구부려서 동그란 환을 그리고 나머지 손가락은 가볍게 세웠다. 뻗친 검지에 힘이 들어가 있다. 얼굴을 받치고 있지만 얼굴과 손가락은 독립적이다. 천여 년 전 청년 미륵의 손가락은 가늘고 길어서 끝없는 지향을 보이도록 했다. 감아올린 손가락들의 부드러움과 직선의 검지손가락이 주는 양면성이 슬픔과 환희의 웃음의 중간 지점에 서 있는 미소와 만나 깊은 정적에 들어 있다. 직선으로 흐르던 시간이 정지하는 듯한 착각을 불러일으킨다. 한참을 바라보고 있으면 고요와 함께 만나게 된다.

  1300여 년 전인 7세기경, 신비의 손을 가진 장인 한 사람이 있었다. 차가운 청동에게 온기의 미소를 담았다. 코와 눈, 입, 그리고 눈썹을 빚었다. 눈썹에서 코를 거쳐 입술까지 물 흐르듯 고운 선이 흐른다. 자는 듯, 실눈을 뜬 듯, 미소가 감도는 듯, 슬픔에 든 듯한 표정, 다소 육감적이기까지 한 두툼한 입술, 몸이 야위었으나 볼살은 통통하다. 주름이 절로 접힐 만큼 얇아 흘러내린 옷자락, 단순하면서도 우아한 머리의 보관, 심지어 좌대의 연화문조차도 부드러우면서 힘차게 느껴진다. 날렵한 허리의 곡선과 등줄기와 무릎으로 뻗어나가는 곡선은 적당한 균형과 함께 사유하는 모습을 극대화시킨다.

  미륵은 깊은 생각에 잠겨 있다. 오른쪽 다리를 구부린 채 발목을 왼쪽 허벅지에 올리고, 몸은 지그시 앞으로 조금 숙였다. 끊임없이 이어졌던 윤회의 굴레에 든 중생들을 구제하려는 고민과 깨달음의 이중주를 이처럼 기막히게 표현할 수 있다는 것은 장인의 능력이자 행운이다.

정형을 가진 조각품으로서 가장 아름다운 미소

우리의 국립중앙박물관에 자리하고 있는 국보 83호 금동미륵반가사유상은 국보 1호로 내놓아도 전혀 손색이 없다. 로댕의 생각하는 사람은 근육질의 남성이 머리를 숙여 고뇌하는 형상으로 인간적인 고뇌를 느끼게 해서 깨달음이나 깊은 성찰이 덜 느껴진다. 고요함보다는 욕망의 아픔에 젖어 있는 인간을 느끼게 한다.

그러나 금동미륵사유상은 바라보고 있으면 묘한 신비감에 휩싸이게 된다. 그러면서 아늑한 느낌의 평화를 찾을 수 있다. 인간적인 고통으로부터 해방시켜 주는 체험을 가지게 되는 것이다. 나약한 듯 가는 허리에서 강직함이 배어나오는 허리선이나 검지를 세운 위치가 절묘하다. 표정이 주는 절대적인 안정에서는 호흡이 멎어진다. 나는 감히 금동미륵반가사유상을 일러 이렇게 표현한다.

한국이 가진 마음의 넓이가 무한을 향해 질주하는데 그 진폭은 한없이 고요하다. 고요 속에 넘치는 깨달음의 미소가 출렁, 일순간 사람을 행복하게 한다. 아, 살아있음이여. 목숨이 가진 아득한 적막에서 빚어낸 깨달음에 막 도달하기 직전, 청년 부처의 마지막 번뇌가 번진 미소다. 그리하여 깨달음과 번뇌가 순간 만나는 접점에서 빚어진 오묘한 미소와 웃음이다. 맑으면서 깊고 슬픔이 남은 신비의 미소다.

고대의 한국인이 빚어낸 깊은 웃음의 순간이 고요한 아름다움이며 세상을 다 받아들인 넉넉한 정적이다. 슬픔이 언뜻 스치는 것은 사람에 대한 애정 때문인지도 모른다. 사람은 선 채로 슬프다. 육체의 직립이 고되고 마음의 직립이 벅차서이다. 금동미륵반가사유상은 이러한 여러 가지 요소를 다 수용하고도 깊은 고요 속에서 미소를 짓고 있다. 그래서 슬프도록 아름답다. 인간이 어디까지 고요해질 수 있는가를 세계에 알리고, 우리의 기질 중에 하나인 '빨리빨리'가 보여주는 부지런함 뒤에 숨겨진 고요함의 세계를 다 표현해 그대로 정지된 미소가 금동미륵반가사유상의 웃음이다. 이 작품을 한국의 얼굴로, 동양의 느낌으로, 우주의 마음으로 가졌으면 하는 바람이다.

종교를 떠나서 한 작품으로 다가온 청년 미륵의 모습은 한없이 청정하기만 하다. 헌데 천년이 넘는 오래 전에 살았던 우리의 선조들은 하필이면 사색하는 청년 미륵을 그렸을까. 그리고 왜 미륵반가사유상이었을까. 석가는 2500년 전에 중생을 제도하면서 미래의 희망을 열어두는 것도 잊지 않았다. 이미 불교 사상의 근원에는 미래불에서의 여망이 담겨져 있었다.

불교 전래 이래로 이 땅에 무수한 미륵불이 빚어졌다. 그 중에서도 반가사유상은 우리 고유의 미륵불이랄 수 있을 정도로 불교조각사에서 단연 수위를 차지하는 불상 양식이다. 반가사유상의 기원은 일찍이 고대 인도의 간다라 양식에서부터다.

중국의 북위 시대에 조성한 운강석굴에는 5세기 후반에 만든 미륵반가사유상이 '사색하는 청년'의 모습이었다. 미륵상은 중국을 거쳐 우리나라에 들어왔음에도 중국의 형식과는 다른 느낌과 감동을 준다.

우리나라 불교는 결코 인도나 중국 불교와는 다른 얼굴을 가지고 있다. 불교 미술에 조예가 깊은 독일의 미술사가 디트리히 젝켈은 『불교 미술 The Art of Buddism』에서, "미륵반가사유상은 한국적 요소를 뚜렷하게 잘 표현하고 있다. 그러나 이것과 비교되는 중국 작품이 없기 때문에 학자적인 정확성을 가지고 설명할 수는 없다."고 이야기 하고 있다.

또한 그는 한국 문화의 특성을 '위엄과 매력, 정제되고 우아함, 솔직과 담백, 기술에 얽매이지 않은 자연성의 발로, 기교적이 아닌 점, 고고한 기품이 있지만 완벽주의를 배척한 점' 등을 들었다. 우리의 역사와 자연 속에서 우리의 불교 문화가 꽃핀 것은 당연한 일이다. 삼국 시대의 미륵반가사유상이 지닌 뛰어난 조형 양식이 이를 웅변하고 있다.

하지만 젝켈 같은 서양인도 다음과 같이 미륵반가사유상의 전래만큼은 잘 기술한다. 젝켈은 양식면에서 볼 때, 서울의 국립중앙박물관 미륵반가사유상과 유사한 작품들이 일본에서 6세기와 7세기에 발견되는데 그들 중 몇몇은 한국에서 건너간 것 같다고 했다. 남북조 시대를 거쳐 우리나라 삼국 시대에 풍미하였고, 일본까지 영향을 주었기에 동양 삼국은 미륵반가사유상이라는 공통 분모로 문화를 공유한 셈이다.

일본 고대의 불교 미술은 전적으로 한반도로부터의 영향권에서 자유로울 수 없었다. 광륭사 미륵불은 고대 동아시아 문화 교류의 소산이며, 한반도의 영향을 강력하게 보여주는 증거물이다. 현재 교토, 나라, 오사카 등지에는 아스카, 나라, 헤이안, 가마쿠라 시대로 이어지는 시기의 미륵불이 집중적으로 분포되어 있다. 이들 지역은 한반도 도래인들이 밀집된 거주지였다.

국보 78호 금동반가사유상의 신비로움은 국보 83호와 비교하기 어려운 점이 있다. 우열을 가리기에는 너무나 뛰어난 두 작품이다. 인간의 실존적 운명을 자각하고 깊은 사유에 몰입해 있는 인간적인 모습인 사유상을 예배의 대상으로 삼은 종교는 불교뿐이다. 싯다르타 태자의 고뇌에 찬 모습은 점차 희열에 차서 법열을 느끼는 은은한 미소를 띠게 된다.

　인도에서 성립되어 중국에 이르러 수많은 사유상이 만들어졌지만 조형적 완성을 이루어 독립된 예배 대상이 된 것은 우리나라에 이르러서였다. 국보 78호와 83호 둘 다 금동미륵반가사유상이라고 하지만 서로 다른 이름을 가지고 있다. 국보 78호는 금동일월식반가사유상이라고도 하며 국보 83호는 금동연화관사유상이라고도 한다. 이 둘은 어느 것을 우위에 둘 수 없는 세계 미술사상 기념비적 작품이라 할 수 있다. 하지만 개인적인 감상으로는 부드러운 83호의 금동미륵반가사유상에 정이 더 간다.

황남대총금관
皇南大塚金冠

황금의 나라, 신라

금관은 신라의 경주에서도 대릉원 지구에 있는 무덤에서만 발견된다. 대릉원 지구에 묻힌 사람의 부장품이면서 살아생전 사용하던 장식품이었다. 그들은 누구인가? 그들은 왜 황금으로 만든 금관과 장식품들을 사용했는가? 이런 물음에 대한 해답을 찾는 것이 곧 역사의 복원이기도 하다. 그리고 우리의 정체성을 확인하는 길이기도 하다.

전 세계에서 발견된 고대 금관은 10점, 그중 신라가 6점, 가야가 1점으로 우리나라는 단연 금관의 나라이다. 고대 금관 출토는 아주 드문 일로 우리나라의 금관처럼 아름답고 화려한 모양을 가진 경우는 더욱 희귀하다. 우리나라에는 금동관까지 합하면 30여 점이 된다. 이 중 몇 점을 제외하면 대부분이 가야와 신라의 것들이다.

아시아 대륙의 동쪽 끝, 그곳에 황금의 나라가 있다. 그 나라의 이름은 신라이다. 그곳에서 찬란한 모습의 금관이 나왔다. 1983년 경주 노동리 봉황대 주변에서 자그마한 주막을 운영하던 박씨는 장사가 무척 잘되자 주막을 늘리기로 작정하고 뒤뜰의 나지막한 언덕을 파기 시작했다. 신령 탓에 장사가 잘되는 줄로만 생각하고 있던 그에게 값어치를 매길 수 없는 황금빛 금관이 나왔다. 그 금관이 바로 1500여 년의 긴 잠에서 깨어난 금관총 금관이다. 무덤의 주인이 누군지를 몰라서 그저 '금관총'이라 불렀다. 천년의 깊은 잠에서 깬 금관은 찬란했다.

우리나라의 역사 중 가장 찬란하고 화려한 나라가 신라이다. 고구려에 웅대함과 활달함이 있다면 백제는 소박하고 담백하며 신라는 화려하고 찬란하다. 신라는 한민족의 뼈대를 이루어 온 심성과 문화 중에서 유독 도드라진 문화적 특성을 가진 나라이다. 우리의 역사를 한 줄로 꿰면 한 점 빛나는 곳이 있는데 그것이 바로 신라다. 그만큼 신라는 화려함의 극치를 이룬다. 고구려, 백제뿐만 아니라 고려와 조선의 모습을 보면 검약을 중요한 통치의 요건으로 삼아왔음을 볼 수 있다. 그러나 신라만큼은 그렇지 않다. 화려함의 절대 꼭짓점에 위치한다.

금관총이 발견된 뒤 3년 후 다시 봉황대 아래의 민가 사이에 있는 무덤을 조사하다가 두 번째 금관이 발견되었다. 금관에 매달려 있는 특이한 한 쌍의 금방울이 출토되어 무덤 이름을 금령총이라 지었다. 그로부터 다시 2년이 지난 어느 날, 역시 봉황대 서편 얼마 떨어지지 않은 무덤에서 세 번째 금관이 나왔다. 금관에는 봉황으로 여겨지는 새가 그려져 있었다. 당시 스웨덴 왕세자의 신분으로 아시아 지역을 탐방하고 있던 구스타브 16세 국왕의 선친인 고고학자 아돌프 6세는 마침 발굴 현장에 도착했다. 그의 이

뜻깊은 발굴 동참을 기념하기 위해 스웨덴의 한자 표기인 서전瑞典의 첫 글자와 봉황鳳凰의 첫 글자를 따 무덤의 이름을 서봉총瑞鳳塚이라 하였다.

순금관이 발견된 금관총, 금령총, 천마총은 모두 단분이다. 쌍분인 서봉총과 황남대총의 금관은 모두 북분에서만 발견되었다. 황남대총의 북분에서 발견된 은제 허리띠의 끝부분에 '부인대夫人帶'라는 명문으로 보아 그 주인공이 여자였음에 틀림없다. 부인이라는 말은 당시에는 결혼한 여자를 높여서 부르는 이름이었다. 따라서 신라의 여자 왕족은 쌍분의 북분에 매장되는 특수한 풍속이 있었음을 알 수 있다. 또한 남자의 무덤으로 생각되는 단분에서는 머리 위에 살짝 올려놓는 마늘 모양의 금제 모자가 발견되었고, 여자의 무덤으로 생각되는 서봉총의 북분에서는 '굴레'라는 여자아이의 삼각형 모자가 발견되었다. 금관의 모양만으로는 주인공의 성별을 알 수 없지만, 모자의 모양으로 뚜렷이 구분할 수 있었다.

그런데 5세기에서 6세기 동안 신라에는 여왕이 없었다. 그럼에도 불구하고 금관을 사용한 여인이 두 사람이나 있었다는 사실은 충격적이다. 왕이 아닌 사람이나 여인들도 금관을 사용했다는 것은 신라 사회를 이해하는 데 새로운 시각을 제공하는 한편, 고대 사회에서는 남녀가 평등하게 생활했음을 보여준다.

신라 사회에서 여왕이 나온 이유에는 그만한 사회적인 배경이 있었다. 금관은 왕을 비롯하여 왕자들 그리고 고위 왕족들이 썼다. 단지 얼마나 크고 화려하냐에 따라서 위치가 어느 정도인지 짐작할 수 있다. 왕뿐만 아니라 왕족이 금관을 썼던 것은 바로 왕족은 하늘이 선택한 사람이라는 선민의식을 신성화하기 위한 것이었다.

유라시아 알타이 산맥 주변에 사는 민족들은 자기네 성산을 '금金, Altai 산'이라고 부르며, 알타이어족 중 퉁구스어파에 속하는 언어를 가진 여진족들은 나라를 세우고 이름을 '금金'이라고 했고 집권한 사람들의 성이 '김金'이었다. 여진족들이 나라 이름을 금이라 한 것은 그들의 근거지에서 금이 많이 생산되었기 때문이다. 하지만 더 근본적인 이유는 알타이 문화권 내의 모든 종족들이 금을 숭배하는 사상을 갖고 있었기 때문이다. 한국인의 조상들도 금을 사랑하고 숭배하는 데는 이들 민족 못지않았다. 삼국 시대 신라 왕들은 모자, 허리띠, 귀고리, 팔찌는 물론 발목까지 금으로 장식했으며 심지어는 신발도 금으로 만들어 신었다. 자기네 집단의 성 자체를 아예 김金씨로 정할 정도로 금을 숭배하였다.

금을 숭상한 김씨의 집권과 금관과는 깊은 관련이 있다

그중에서도 신라인들 특히 김씨들의 금에 대한 애착은 유별났다. 왕족과 귀족 모두가 금으로 장식하고 살았다. 개국기의 신라 임금은 김씨가 아니라 박씨였다. 신라 왕계는 혁거세로 대표되는 박씨계와 탈해로 대표되는 석씨계, 그리고 알지로 대표되는 김씨계 등이 있었다. 그중 금을 숭배했던 김씨계의 등장이 가장 늦다. 김알지가 『삼국사기』에 등장하는 장면은 꽤 흥미롭다.

금성 서편 시림숲 사이에서 닭 우는 소리가 나서 신라의 4대왕 탈해가 호공을 보내 살펴보게 했더니, 나뭇가지에 금색의 작은 궤가 걸려 있었다. 그 궤를 가져다 열어보니 조그만 사내아이가 있었다. 금궤에서 나왔으므로 성을 '김金'으로 하였다. 마침 아들이 없었던 탈해왕은 하늘이 내려준 아들이라며 거두어 기르고 이름을 알지라고 하였다.

   탈해왕이 끝내 아들을 보지 못하고 죽자, 신하들은 3대왕 유리의 태자인 일성을 왕으로 삼으려 했다. 그러나 둘째 아들 파사가 더 현명하다는 논의가 일면서 결국 그가 왕위에 오르게 되었다.

   『삼국유사』에는 알지가 왕이 되지 못한 이유를 그가 양보했기 때문이라고 기록하고 있지만, 이는 아직 김씨가 왕이 되기에는 세력이 미약했음을 시사하는 것이다. 그런데 여기서 파사의 부인이 김씨란 점을 주목할 필요가 있다. 이는 김씨가 왕이 되기에는 부족하지만 왕위를 결정하는 데에는 상당한 영향력을 갖고 있었음을 보여주는 대목이다.

   이렇게 왕족들과 계속 혼인 관계를 맺어 오던 김씨는 마침내 구도의 아들 미추를 제13대 임금으로 즉위시키는 데 성공한다. 『삼국사기』는 이에 대해 "12대왕 첨해가 아들이 없어 나라 사람들이 미추를 임금으로 세운 것이니, 이는 김씨가 나라를 갖게 된 시초이다."라고 기록하고 있다. 바로 이 김씨들이 유명한 신라 금관의 주인공이다. 신라인들이 경주를 근거지로 삼은 것도 사금이 많이 생산되었기 때문일 것이다. 일본 정창원 문서에 의하면 나라 시대 성무천황이 동대사를 짓는 과정에 재원이 모자라 걱정하였는데 이때 백제 출신 경복왕이 금 9백 냥 쭘을 보내 비로소 동대사 대불이 완성되었다. 이는 한반도에서 일본 열도로 건너간 사람들 중에 금 채취 기술을 가진 금장이 많았다는 이야기이다. 금을 숭배하는 문화 현상은 바로 유라시아 대륙을 무대로 활동했던 기마 민족과 신라의 지배 세력 간의 밀접한 관계에 기인한다. 신라의 지배 세력 중에서도 유달리 금을 사랑하고 성까지도 그렇게 부른 김씨 왕조는 신라 금관과 떼려야 뗄 수 없는 존재들이다. 금관의 주인공인 김씨들을 추적하기 위해서는 먼저 신라의 왕계를 이해할 필요가 있다.

김씨계의 시조 알지가 등장하는 과정은 신화 형태로 분장되어 있다. 알에서 태어난 김알지는 탄생 후 신라 4대 임금인 석탈해의 양자가 되면서 왕족 사회에 편승하였다. 이후 김알지의 후손인 구도는 백제와의 여러 전투에서 혁혁한 승리를 거두어 신라 사회의 큰 공신으로 떠올랐다. 그러는 와중에 김씨족들은 다른 성씨들과 혼인 관계를 잘 맺어 나갔다. 드디어 구도와 박이칠의 딸 사이에서 낳은 아들인 미추가 왕위에 올라 김씨계의 첫 번째 왕이 되었고 그 후 김씨족들은 신라 말까지 왕위를 독차지하였다. 초기의 김씨계 왕들은 이사금尼師今이라는 임금 칭호를 사용하다가 제17대 눌지부터 마립간麻立干이라는 새로운 칭호를 사용한다. 그 후 제22대 지증에 이르러 마립간이라는 칭호 사용을 끝내고 그 다음 임금인 법흥부터는 왕이라는 중국식 칭호를 쓴다. 따라서 눌지에서 지중에 이르는 마립간 시대는 기원후 417년부터 514년까지 약 1백년 간이다.

그런데 묘하게도 이 기간에 신라에서는 오늘날 경주 고분에서 보이는 커다란 무덤이 집중적으로 등장하였다. 마립간이라는 새로운 왕호를 가진 세력이 등장한 이후 신라의 묘제 역시 돌연변이처럼 새로운 형태의 무덤 양식이 등장하였다. 고고학적 용어로 적석묘라 불리는 이 고분은 '스키타이-알타이형 쿠르간'이라고도 한다. 금관은 유라시아 초원을 달리던 유목민들의 피가 살아있음을 보여준 증거이다. 금관의 장식은 나무와 사슴뿔을 상징하고 있다. 유목민들은 사슴과 나무를 신성시했다. 사슴은 생명을 이어

주는 식량원이기도 하고 사슴뿔의 모양이 나무와 같이 하늘로 올라가는 형상을 보여주고 있다. 나무를 하늘과 이어주는 신성한 생명체로 보았다. 금관은 이 시대에 해당하는 왕릉에서만 발견된다. 이들과의 깊은 관계가 있음을 보여준다. 왕의 절대적인 우월성을 보여주어 신권 통치를 합법화하려는 방법의 하나로 금을 사용한 금관이 자리를 차지하게 된다. 왕을 박씨와 석씨와 함께 돌아가면서 하던 시대는 종료되고 절대 권력과 신권을 위탁받았다는 실질적인 국가 체제의 왕조가 태어났음을 보여준다. 신탁과 권력의 독점을 상징물로 금관과 금장식품이 나타나기 시작한다. 금관도 이 시대 고분에서 집중적으로 발견되는 점이 주목된다. 아마도 이 기간에 마립간이라 불리는 김씨 왕족 중 왕의 직계들이 금관을 사용하였고 왕이 되지 못한 방계 왕족들은 금동관이나 은관을 사용했던 것으로 보인다.

바로 이때가 신라의 김씨족이 전성기를 구가하던 시기이다. 3세기에서 6세기까지 신라는 중앙아시아를 통해 로마, 페르시아의 고급 문화를 받아들였다. 신라인들이 아시아의 북쪽 초원 지대를 통하여 중앙아시아의 여러 민족과 문물을 교환하였던 증거로는 우즈베키스탄의 사마르칸트 고분 벽화에 보이는 신라 사람들의 모습에서 확인할 수 있다. 또 금관이 출토된 신라 고분에서 서역풍의 물품들인 유리잔, 봉수형 유리 주전자, 상감보검 그리고 각배 등이 발견되는 것도 그런 증거에 해당한다. 이런 현상을 보면 신라인 특히 김씨 왕족들의 종족적 계보가 알타이·스텝 지방 주민들과 깊은 관계가 있었음을 시사한다.

신라의 황금 문화를 말해주는 데 이 금관만한 유물은 없을 듯하다. 나뭇가지 모양과 사슴뿔 모양의 세움장식이 잘 드러난 신라 금관은 곡옥이라 불리는 굽은 옥과 달개 같은 장식품도 호화롭다. 바람이 불면 달개가 움직이면서 햇볕을 받아 찬연한 빛을 발한다. 금관은 실용품, 장례용, 의례용이라는 세 가지 설이 있다. 또 하나의 궁금증은 금관의 주인공이 여성이었다는 것이다. 어느 왕비의 무덤으로 알려진 황금대총 북분에서 나왔다. 반면 왕의 무덤 남분엔 금관이 없었다.

신라 금관의 형상은 나무를 숭배하는 기마 민족들 사이에서 널리 유행한 것이어서 거기에 매달려 있는 곡옥들은 나무의 과실로 본다. 과실은 생명을 이어가는 씨앗을 품고 있으므로 신라 금관은 생명의 탄생과 자손의 번영을 의미하는 것을 알 수 있다. 또는 임신했을 때의 아기의 모습을 하고 있어 다른 해석을 하는 견해도 있다. 곡옥은 대를 이어 왕이 된 가계의 인물들이 착용했던 금관에만 달았던 것으로 추측된다.

금관은 크게 두 가지로 나눈다. 의식용으로 쓰이는 외관과 일상생활에서 쓰이는 내관으로 나눈다. 의식용이라는 것은 하늘에 제사를 지내거나 행사가 있을 때에만 쓴다. 금관총 금관은 높이 44센티미터에 달하는 이 금관의 외관에는 3개의 출出자 모양의 장식이 앞쪽과 양 옆에 세워져 있고 그 옆에는 사슴뿔 모양의 장식이 덧붙여져 있다.

내관은 삼각뿔 모자같이 생겼는데 여기에는 별 다른 장식이 없이 푸른 옥고리와 금 조각들로 치장을 했다. 신라 사람들은 곡옥을 금관뿐 아니라 여러 장신구에 즐겨 달았다. 신라 사람들은 이 곡옥이 생명을 뜻한다고 생각했다. 그래서 곡옥을 몸에 달고 다니는 것은 생명을 지니고 있는 것으로 생각했다. 금관에 달려 있는 곡옥들은 대부분 무덤에 묻힌 사람을 위해 함께 묻어 둔 금관에서 많이 발견된다. 이건 아마도 죽은 사람이 다음 세상에서 새로운 생명으로 태어나기를 바라는 바람에서 죽은 이의 금관에 곡옥을 많이 달았을 거라는 추측이 가능하다.

금관의 출(出)자 모양에 대해 좀 더 설명하면 출(出)자 모양은 나무의 모양을 간략하게 표현한 것이다. 우리나라의 단군 할아버지 이야기에도 신단수라는 나무가 나오는데 다른 나라의 여러 옛날 이야기에도 이 세상을 구성하는 나무인 세계수가 많이 나온다. 지금도 오래된 시골 마을에는 동네 어귀나 고갯마루에 당산나무라는 것이 있어서 그 밑에서 제사를 지내거나 그 앞에서 소원을 빌기도 한다.

시베리아 지역에서도 우리나라의 금관과 비슷한 것이 있다. 이 지역의 무당들은 머리에 사슴뿔을 꽂아 장식을 한다. 옛날에는 임금이 하늘과 사람들을 연결하는 제사장의 역할도 함께 했다.

옛날 사람들은 사람이 죽으면 하늘로 올라간다고 생각했다. 그래서인지 하늘을 자유롭게 날아다니는 새들은 인간 세계와 하늘나라를 연결해 주는 특별한 존재라고 생각했고 새 모양 장식을 즐겨 사용했다. 지금도 솟대라고 해서 긴 나뭇가지를 세우고 그 꼭대기에 새를 꽂아 놓은 것이 있는데 역시 땅과 하늘을 연결해 준다는 뜻이 담겨 있다. 금관에 새를 장식한 것도 이런 의미가 있다고 보여진다.

금관이 출토된 무덤은 금관총, 천마총, 황남대총북분, 금령총, 서봉총의 다섯 군데이다. 모두 일반인의 무덤이라고 생각하기에는 크기도 너무 클 뿐 아니라 같이 묻혀 있는 물건들도 귀하고 화려한 것들이어서 틀림없이 왕과 왕비 같은 왕족이 죽었을 때 만든 무덤일 것이다. 또 무덤에서 같이 나오는 물건을 보면 왕의 무덤인지 왕비의 무덤인지도 구분할 수 있는데 예를 들어 큰 칼이 같이 들어 있었다면 그 주인은 남자였을 테고 여자들이 쓰는 허리띠 같은 것이 같이 놓여 있었다면 그 무덤의 주인은 여자였을 테니 왕비의 무덤이라고 추측할 수 있다.

'신라' 하면 가장 먼저 떠오르는 것 중 하나가 독특한 금관일 것이다. 찬란한 순금 금관에 수없이 매달린 조그만 원형의 금판 구슬들은 미동에도 반짝이고 함께 매달린 비취색 곡옥들은 신비감을 더한다. 고고학자들은 대체로 좌우 대칭의 '출出' 자형의 것은 나무로, 가지가 엇갈려 나는 모양의 것은 사슴의 뿔로 인식해 그 형태적 기원을 시베리아에서 찾는다. 모두 나무의 변형으로 보인다. 두 형태가 나무일 가능성이 있는 것은 모든 크고 작은 가지 맨 위 끝을 연꽃 봉오리 형태로 장식하고 있기 때문이다.

금관의 비밀은 바로 곡옥에 있다. 구부러진 옥이란 뜻의 곡옥은 그 형태를 보고 일본인들이 붙인 것이다. 우리 학계에서는 이 곡옥의 기원도 시베리아에서 찾고 있다.

영롱한 비취 곡옥은 주로 백제, 신라, 가야 등 한반도 남쪽과 일본에서 대량으로 제작되었다. 그러나 곡옥은 신석기 시대에도 만들어졌다. 고고학자들은 시대적 차이 때문에 이를 직접 연결시키는 것을 꺼린다. 그러나 나는 그것을 삼국 시대 곡옥의 원초적 형태로 보고 싶다.

신석기 곡옥의 형태는 물고기 모양을 띠는 것도 있어 삼국 시대 곡옥의 형태적, 상징적 기원을 시베리아가 아닌 우리나라 안에서도 찾을 수 있게 한다. 현재로는 곡옥이 신라에 가장 많으며 특히 금관에 집중적으로 장식되고 있다. 고구려에서는 아직 확인된 바 없지만 삼국이 공유하는 바가 많기 때문에 앞으로 발견될 가능성은 충분히 있다.

황남대총 북분 왕비의 금관에는 무려 80여 개의 비취 곡옥이 달려 있다. 남분 왕의 것은 금동관인데다 곡옥도 16개에 불과하다. 왕비의 금관이 더 화려한 것은 그 당시 여제사장의 위상이 매우 높았음을 의미한다. 금관무덤이나 천마무덤 출토 금관에도 60개에 가까운 곡옥이 달려 있다. 그러면 왜 금관에 이토록 많은 곡옥을 장식하였을까. 왕관에서뿐만 아니라 목걸이의 중심부에 곡옥을 두며, 또 곡옥 머리에 정교한 금세공을 한 모자 같은 것을 씌우기도 한다. 마치 곡옥이 금관을 쓰고 있는 형상이다.

중국과 구소련 등 유라시아 지역이 개방되기 전까지는 한국의 금관 형식과 관련해 이들 지역에서 발견된 유물들과 충분히 비교 검토할 수 없었다. 그러다 90년대 들어 공산권의 개방 이후 중앙아시아 및 시베리아-알타이 지방의 고고학 유물과 민속품을 대하면서 금관의 원형 등을 발견할 수 있었다. 이를테면 시베리아 카자흐 공화국의 알마티 고분에서는 한 쌍의 금제 모자판이 출토되었는데, 왕 또는 추장의 가죽 모자에 꽂혀 있는 장식에 산 자 모양의 나뭇가지가 달려 있고 나무 위에는 새가 한 마리씩 앉아 있었다. 이는 곧 신라 금관의 모티브와 동일하다.

그리하여 수년간 이 일대를 직접 탐사한 김병모 교수의 견해에 따르면, 신라 금관에서 나타나는 나무 모양의 디자인은 나무를 숭배하는 기마 민족들에게서 널리 유행한 생명의 나무를 의미한다. 비취색의 곡옥은 나무의 과일로 파악한다. 과일은 생명을 이어가는 씨앗을 품고 있다. 이는 곡옥이 생명의 탄생과 자손의 번영을 의미하는 것으로 해석된다. 이것은 알타이

지방 파지릭 고분에서 발견된 모포의 기마인도에 나타난다. 금관에 나타나는 새 문양 역시 알타이어계 기마 민족의 전통 신앙과 연결된다고 했다.

그런데 최근 기존의 학설을 정면으로 반박하는 의견이 나왔다. 민속학자이자 문화재위원인 임재해 안동대 교수가 금관은 시베리아 등 다른 곳에서 유래한 것이 아니라 신라의 김알지 신화에서 기원했다며 금관 자생설을 주장하고 나섰다.

금관의 장식은 기본형의 나무 모양이 풍부한 양식으로 발전한 것으로 사슴뿔과는 아무 관계가 없으며, 이 나무 모양 세움장식은 김알지가 출현한 계림, 즉 신목을 상징한다는 것이 임 교수의 설명이다. 임 교수는 "만약 사슴뿔을 상징하는 것이라면 그 끝에 달린 스페이드♠ 모양을 해석할 수가 없는데, 이것은 나뭇가지 끝에 새 순이 돋는 형상으로 봐야 한다."고 주장했다.

금관의 장식이 뭘 의미하는지는 아직 명확히 풀리지 않은 수수께끼이다. 문화의 전파 자체를 부정적으로 볼 필요는 없다. 자생적인 작품인지 전래된 것을 예술적으로 한 단계 끌어올린 것인지는 확실치 않다. 관모의 문화 중에서도 왕이 쓰는 금관은 단연 돋보인다. 화려함과 세공 방법의 꼼꼼함뿐만 아니라 역사의 가려진 부분을 재생시켜 줄 수 있는 열쇠이기도 하다. 실제로 한국 문화재 중 가장 세계적인 명성을 얻고 있는 것 중 하나가 금관이다.

한국의 금관은 그 형태와 크기에 있어서 세계에서 유례를 찾아볼 수 없을 만큼 독특하다. 세공 기술이 돋보이기도 하지만 빛나도록 아름답다. 외국에서 한국 문화재를 전시할 때마다 전시 희망 대상 유산으로 꼽히곤 한다. 외국인들의 찬사를 자아내게 하는 것 중에 단연 손꼽히는 것은 금관이다.

   신라 금관이 세계적으로 뛰어난 독창적인 예술품이라는 것은 분명하다. 은근하고 담백하며 소박한 우리 문화의 흐름 속에서 신라는 유일하게 찬란하다고 할 수 있는 돌출과 드러냄을 자신만만하게 세상에 내어놓은 왕조이다. 황금문화와 불국사의 대석단과 계단이 주는 당당함과 자신감이 그렇다. 찬란한 신라의 문화라고 할 때 빼놓을 수 없는 금관 같은 황금문화가 우뚝 서 있어 우리는 스스로 눈부시다.

성덕대왕신종
聖德大王神鍾

한국의 소리, 동양의 소리,
하늘과 땅을 울리는 소리

 에밀레종에는 신화가 들어 있다. 아시아의 동쪽 끝에 위치한 신비의 나라, 신라에서 시작된 에밀레종의 신비는 천년을 건너온 지금도 한국인의 심성을 울린다. 굽이굽이 흐르는 깊고 그윽한 소리는 유장한 강물이 되고 가슴 출렁이게 하는 산더미 같은 파도가 되어 처음에는 조그만 종루를 울리고 산사를 흔들더니 이내 산을 적시고 강을 흔들고 세상을 흔들어 놓는다. 천년의 역사를 온몸으로 체험하고서는 이제는 휴면에 들어갔다.

 소리 속에 든 신화가 사람의 애간장을 녹이며, 끊어질 듯 이어지면서 다시 끊어질 듯한 맥놀이는 사람의 마음을 움직여 가던 길을 멈출 수밖에 없게 한다. 한국의 소리, 동양의 소리, 하늘과 땅을 울리는 소리, 지상에 사는 생명 있는 것들은 모두 가슴앓이를 해야 하는 소리는 넓고 깊게 퍼져간다. 산과 산을 넘어 하늘 위를 날고 강과 강을 건너 마을마다 소리를 내려놓고 떠나간다. 소리는 아름다운 파편이 되어 분화되면서 산은 더욱 깊게 물은 더욱 낮게 사람은 더욱 따뜻하라고 타이르며 퍼져간다.

인간의 가슴 안으로 스며들다 잦아드는 종소리에서는 따뜻한 냄새가 솔솔 난다. 훈훈한 온기가 따라오는 종소리는 체온을 데우고 심성을 덥혀 밭이랑을 갈고 논두렁을 정리하며 살아가라고 한다. 또한 세상의 살아 있는 생명의 가슴 갈피마다 내려앉아 일깨운다. 세상의 어느 소리가 이렇게 삼라와 만상의 세포를 흔들며 소름끼치게 하는 것이 있는가. 이 세상 어느 나라의 종이 이렇게 크면서도 은은한 우주의 마음을 닮은 것이 있는가. 이 소리는 들으면 전율하지만 이내 고요해지는 '큰 울림'이었다.

에밀레종으로 더 많이 알려진 성덕대왕신종이야말로 우리 민족을 세계에 알릴 수 있는 대표적인 소리를 낸다. 산사의 적막을 깨며 반복과 장단을 달리하며 울리는 목탁 소리가 돌돌돌 흐르는 시냇물 같다면 에밀레 종소리는 거대한 해일 같다.

장중하면 맑기 어렵고, 맑으면 장중하기 힘든 법이건만 에밀레종은 그 모두를 갖추었다. 엄청나게 큰 소리이면서 이슬처럼 영롱하고 맑다.

한국의 마음을 알려면 한국의 소리를 들어야 한다. 한국의 소리를 대표하는 것이 한국의 종소리이다. 한국의 종은 서양의 종과 다르다. 소리의 폭이나 깊이가 영 다르다. 한국의 종은 동양에서도 찾아보기 어려운 한국만이 가진 특수한 형태와 소리를 가지고 있다. 중국의 종보다 크면서도 겉모양과 소리가 한결 기품 있어 보인다. 에밀레종에 대해 사람들이 가지는 가장 큰 호기심은 과연 끓는 쇳물에 어린아이를 집어넣어 에밀레종을 만들었다는 전설의 내용이 사실일까 하는 점이다.

현대의 과학자들은 그 전설이 사실일 경우 왜 그런 일을 했는지, 도대체 인신공양이 종을 만드는 데 어떤 도움이 되었는지 나름대로 근거를 제시하기도 한다. 그에 따르면 사람의 뼈에 들어있는 '인' 성분은 합금을 만들 때 합성을 용이하게 하는 작용이 있다는 것이다. 그래서 우리나라의 전통적인 무쇠나 청동 불상 등에도 인 성분이 포함되어 있다고 한다. 그러나 인은 사람이 아니라 다른 동물들의 뼈에도 함유된 성분인데, 유독 에밀레종만 인신공양을 통해 만들어졌다고 전해지는 특별한 이유가 있었을까?

에밀레종의 정식 명칭은 종에 새겨진 대로 성덕대왕신종이다. 성덕대왕은 신라 제33대 왕이나 성덕대왕이 종을 만든 것은 아니다. 그 아들인 35대 경덕왕이 아버지를 기리기 위해 아버지의 이름을 붙여 종을 만들려고 했다. 하지만 경덕왕은 종의 완성을 보지 못하고 시작한 지 20여 년이 지나 결국 경덕왕의 아들인 36대 혜공왕 대에 이르러서야 비로소 종이 탄생하였다.

성덕대왕신종이 무게가 20톤 가까이 나가는 크고 무거운 것이긴 하지만 제조 기간이 20여 년씩이나 걸렸다면 만드는 과정에서 실패가 거듭되었을 것이라는 추정이 가능하다. 결국 거듭된 실패를 극복하고자 인신공양 같은 극한적인 방법을 동원했을 가능성이 있다는 것이 일부 사람들의 생각이기도 하다. 에밀레종은 그 독특한 소리 때문에 아기 공양 전설이 생겼을 가능성도 있다. 이 종은 소리의 여운이 유난히 긴 것으로 유명하다. 종을 치면 그 은은한 여운이 끊어질 듯 작아지다가 다시 이어지곤 하는 현상이

1분 이상 지속되며, 특히 가슴을 울리는 저음역의 여운은 3분까지도 이어진다. 이렇듯 반복되는 여운 소리가 '에밀레 에밀레'하며 마치 어린아이가 어미를 탓하며 우는 소리 같다고 해서 에밀레종이란 별명이 붙은 것으로 추측된다.

종소리 경연대회를 연 일이 있었는데
에밀레종의 종소리가 단연 으뜸이었다

종소리가 갖는 주파수와 화음 등 여러 가지 항목을 수치화하여 100점 만점으로 점수를 매겨 보면 현재의 보신각종은 채 60점이 안 된다. 에밀레종은 86점이 넘게 나온다. 이밖에 에밀레종과 마찬가지로 신라 시대에 만들어진 상원사 동종은 65점이다. 흥미로운 것은 46톤이라는 어마어마한 크기로 유명한 중국의 영락대종은 40점대에 머물렀다.

에밀레종의 소리를 재현하는 일은 성공하지 못했다. 현대 과학은 합금의 성분비와 질량, 무게중심 등등 여러 가지 물리적 특성을 정확히 측정하고 계산해낼 수는 있지만 결국 그것을 그대로 복제해 내는 기술을 밝히지 못했기 때문이다.

과학 문명과 온갖 기술이 발달된 이 시대에 살고 있는 사람들은 에밀레종을 만드는 정도의 기술에 놀랄 리 만무하다. 몇 차례에 걸쳐 에밀레종 복제품이 만들어졌다. 그 하나는 미국 건국 200주년을 기념하는 선물로 제작되어 '우정의 종'이라는 이름이 붙은 종으로 지금 로스앤젤레스, 태평양이 바라보이는 어느 공원 언덕에 설치되어 있다. 또 하나는 서울 보신각이 이

제 수명을 다하여 더 이상 타종할 수 없게 됨에 따라 이것을 국립중앙박물관 후원으로 옮기고 그 자리에 새 종을 만들면서 에밀레종을 복제하였다. 해마다 12월 31일 자정이 되면 제야의 종이 울린다.

20세기 복제품은 겉껍질만 흉내냈다. 정작 중요한 사항인 종은 종소리가 좋아야 한다는 사실에는 능력이 따라주지 않았다. 에밀레종을 만들던 사람들이 훌륭한 종소리를 내기 위하여 얼마나 고심하였는가는 에밀레종 몸체에 새겨져 있는 1,000여 자의 명문에 잘 나타나 있다. 그 글은 이렇게 시작된다.

심오한 진리는 가시적인 형상 이외의 것도 포함하나니 눈으로 보면서도 알지 못하며, 진리의 소리가 천지간에 진동하여도 그 메아리의 근본을 알지 못한다. 그리하여 부처님께서는 때와 사람에 따라 적절히 비유하여 진리를 알게 하듯이 신종神鐘을 달아 진리의 둥근 소리를 듣게 하셨다. 종소리란… 그 메아리가 끊이지 않고 장중해서 옮기기 힘들며, 함부로 다루지 못한다.

종소리는 곧 진리의 원음이었던 것이다. 부처님의 말씀을 글로 옮겨 적으면 불경이 되고, 부처님의 모습을 형상으로 옮겨 놓으면 불상이 되고, 부처님의 목소리를 옮겨 놓은 것이 종소리였던 것이다. 에밀레종의 주조는 국가의 중대 사업 중의 하나였다. 그런 만큼 정성과 열의가 뒷받침되었겠지만 21세기에 에밀레종 복제가 불가능한 것은 정성의 부족뿐만이 아니라 기술 부족이라는 측면도 있다. 컴퓨터를 만들고 자동차를 만드는 기술은 발달했지만 청동 주물 솜씨는 그 옛날을 따라가지 못한다. 어쩌면 경험과 필요에 의한 기술의 축적과 과학적 사고란 발전이 아니라 변화일 따름인지도 모른다.

에밀레종 몸체에는 종고리인 용머리의 방향과 같은 축으로 둥그런 연꽃무늬 당좌가 양쪽에 새겨져 있다. 종을 칠 때는 반드시 여기를 쳐야 제 소리가 난다. 조금만 어그러지거나 비껴가도 안 된다. 종 몸체에 새겨져 있는 모든 문양, 비천상, 명문의 서序와 사詞, 어깨에 새긴 종두라 불리는 종젖꼭지 종두, 입부분의 보상당초문 등이 이 두 당좌를 축으로 하여 좌우 대칭을 취하고 있는 것도 그 이유이다.

1963년 2월, 원자력연구소 고종건, 함인영 두 박사팀이 삼국 시대 불상과 범종을 특수 촬영하여 과학적으로 규명한 것이 '미술자료' 제8호, 9호에 실려 있는데 이 두 박사는 당시 어떻게 그렇게 얇은 주물이 가능했고, 깨끗한 용접이 가능했고, 주물에 기포가 없었는지 불가사의하다는 것이었다. 에밀레종에도 물론 기포가 없다.

남천우 박사의 『유물의 재발견』이라는 명저에는 우리나라 범종을 과학적으로 규명한 장문의 논문이 실려 있는데, 그의 견해에 의하면 에밀레종은 납형법蠟型法으로 제작되었다. 중국종, 일본종이 만형법挽型法 또는 회전형법으로 제작된 것과는 큰 차이이다. 중국과 일본의 학자들이 '조선종'이라고 부르는 것은 이런 기법의 차이에서부터 유래한다.

이 기법의 차이는 곧 형태와 소리 모두에서 큰 차이를 보여준다. 납형법이 아니고서는 종 몸체에 그와 같은 아름다운 문양을 새기는 것이 불가능하고, 납형법이 아니고서는 긴 여운을 내지 못한다. 장중하고 맑은 소리뿐만 아니라 긴 여운을 갖는 것은 에밀레종뿐이라고 한다.

에밀레종이 세계에서 가장 아름다운 소리를 내는 종으로 판명된 이유는 우선 한국 종만이 갖고 있는 특수한 구조 때문이다. 종소리는 크고 오래 지속되어야 하지만 이외에도 '울림'이 있어야 한다. 종소리의 울림이란 종을 한 번만 쳐도 '웅, 웅, 웅' 하고 종소리가 커졌다 작아졌다 계속 되풀이해서 울리는 현상을 말하며 물리학에서는 '맥놀이'라 부른다. 종소리의 울림, 즉 '맥놀이'는 진동수가 거의 동일한 두 개의 음파가 동시에 발생될 때 생기는 일종의 간섭 현상이다.

일반적으로 종의 음색은 종을 칠 때 생기는 수많은 부분음으로 구성되는 복합음이다. 종소리는 시간에 따라 3개의 부분으로 나뉘어진다. 첫째 부분은 종을 친 후 약 1초 동안에 나는 소리인 '타음'으로 수많은 부분음이 포함되며 그 음색은 부분음의 강약과 진동수의 배열과 관계된다. 둘째 부분은 종을 친 후 약 10초 동안 계속되는 비교적 높은 소리로서 매우 멀리까지 들리므로 '원음'이라고 하며 셋째 부분은 약 1분 이상 계속되는 맥놀이인데 매우 정확한 지수 함수적인 감소와 억양이 있는 것이 특징이다. 맥놀이 횟수는 1~3초에 1회 정도가 적당한 것으로 보고 있다. 맥놀이 횟수가 1초당 6회 정도까지는 귀에 좋은 느낌을 주지만 30~40회는 불쾌감을 준다.

한국 종만이 가진 특색

학자들은 에밀레종의 경우 맥놀이를 유발하는 두 개의 진동원이 어디에 있는지 규명하려고 부단한 노력을 해왔다. 우선 맥놀이 현상은 종을 만들 때 재질이나 종 두께가 균일하지 않고 완전한 대칭을 이루지 않은 결과 진동수가 미세하게 차이나는 소리가 나오기 때문에 발생한다. 서양 종은 이 같은 비대칭성과 비균일성을 가능한 한 제거하기 때문에 맥놀이 현상이 제대로 발생하지 않는다. 반면에 에밀레종 내부에는 쇠찌꺼기 같은 것이 덕지덕지 붙어 있다. 철저하게 수치적인 계산에 의한 과학적인 사고를 가진 서양에서는 주조를 잘못한 것처럼 보이기도 하지만 종의 비대칭성의 폭을 확대해 맥놀이 현상을 발생시키는 것은 한국 종의 특색이다. 과학의 정밀을 넘어 자연성을 몸으로 받아들이는 한국인의 독특하면서도 희귀한 특성을 알아야 한국 종의 소리를 이해할 수 있다. 당기고 미는 소리의 울림을 들어본 자만이 빠져든다.

한국의 문화는 언뜻 보면 어설퍼 보이지만 깊은 속내를 가진 문화를 생산해내는 과학 그 너머의 자연성에 목표를 둔 위대한 문화이다. 한국인은 대칭을 의도적으로 깨려는 특성을 가지고 있다. 완벽을 해체하여 자연화하려는 경향성을 가진 문화를 창조해내는 민족이 한민족이다. 한국 문화에 빠지면 늪인 걸 알게 된다. 과학보다 더 치밀하게 계산해서 과학이 가진 한계를 극복하고 사람과 자연의 만남을 주선하는 화해와 상생의 절대 세계를 창조해낸다. 그것이 한민족의 예술성이고 힘의 근원이다.

둘째로 주목하고 있는 것은 에밀레종 상단부를 구성하는 특이한 구조이다. 에밀레종 용머리 뒤쪽에는 대통 모양의 관이 솟아 있는데 이 관은 높이 96센티미터, 안쪽이 14.8센티미터, 위쪽이 8.2센티미터로 속이 비어 있다. 음관으로 불리는 이 부분이 무엇 때문에 있는지는 확실한 결론은 나지 않았지만 대체로 종의 음질과 음색을 좋게 하는 음향학적 설계에 의한 것이라고 추정하고 있다. 관통된 음관을 주조하는 것은 대단히 번거로움에도 이 음관은 아름다운 종소리를 내는 한국 종에만 있고 중국 종, 일본 종에는 없다. 한국 종이 가진 특색의 일면이다. 종을 칠 때 외부 진동은 멀리 잘 전파되지만, 종 내부에서 일어나는 진동은 안에서 서로 충돌하거나 반사하여 잡음이 나게 되는데 종상부의 음관이 이러한 잡음을 뽑아내는 음향 필터의 역할을 하고 있다는 설도 있고 이 음관이 신라의 삼보인 만파식적을 형상화한 것이라는 견해도 있다.

대통을 만파식적으로 보는 근거는 다음과 같다. 모양이 원형이며 대나무를 형상화하여 마디가 있고 대나무이기 때문에 속을 비워 종신에 이르기까지 관통되어 있기 때문이다.

구조적인 특징은 명동鳴洞이다. 신라 종은 종각에 높이 매달고 치는 것이 아니라 지상보다 조금 위에 종을 달고 치는데, 종구 바로 밑의 바닥이 움푹 패어 있어 공명동 역할을 하도록 되어 있다. 명동은 세계 다른 나라 종에서는 찾아볼 수 없는 신라 특유의 상황적 특성이다. 음관으로는 종 내부의 잡음을 빨아내고 명동은 공명 진동을 일으켜, 종을 쳤을 때 긴 여운이 남게 만드는 것이다. 명동이 좋은 종소리를 내게 할 뿐만 아니라 은은한 여음을 내는 데 큰 도움을 준다. 명동의 적정 깊이는 현재 종구와 지면 사이의 공간을 45센티미터라고 했을 때, 94센티미터라고 한다.

신라 시대의 우리 조상들이 음향학, 진동학 등의 설계와 주조 및 타종 방식을 최적화하여 완성도 높은 전체적인 완성된 체계를 만들었다는 것은 대단하다. 종 자체에서 나는 소리만을 고려한 것이 아니라 주변 상황을 함께 동참시키는 공명동 역할을 하게 한 것은 자연주의 경향이 짙은 우리 문화의 한 단면이기도 하다.

종의 타점도 중요한 역할을 한다. 에밀레종의 타점 위치가 종의 안전이나 수명에도 유리하다. 종소리의 여운도 길어지도록 제작되어 있다. 성덕대왕신종은 계산에 의할 경우 종을 매단 지점에서 당좌 중심까지의 이상적인 거리는 260센티미터인데 실제 당좌 중심까지의 거리는 238센티미터로 22센티미터 차이였다.

일본의 NHK 방송국에서 세계적인 명종들의 종소리를 모두 녹음하여 일종의 종소리 경연대회를 연 일이 있었는데 에밀레종의 종소리가 단연 으뜸이었다. 대부분의 종은 주파수가 160헤르츠 정도인데 에밀레종은 무려 477헤르츠에 달하였다. 성덕대왕신종이 에밀레종이라는 별칭을 얻게 된 것은 그 여운의 소리가 '에밀레' 하고 우는 듯해서이다. '에밀레라'라고 들리는데, 즉 '에미때문에' 죽었다는 소리로 들리기 때문이다. 이렇게 불리게 된 전설이 전해온다.

혜공왕은 훌륭한 종을 만들도록 하라고 명령을 내렸다. 스님은 나라를 돌아다니며 시주를 받았다. 12만근이나 되는 큰 종을 완성했다. 혜공왕이 스님에게 종을 쳐보라고 해서 쳤더니 소리가 나지 않았다. 그날 밤 주지스님의 꿈에 백발노인이 나타나 "그대들이 종을 만들기 위해 시주를 받으러 다닐 때 어떤 아낙이, '우리집은 가난해서 아무것도 드릴 것이 없으니 하나밖에 없는 내 딸아이라도 바칠까요?'라고 분명 말했을 터인데, 어째서 그 아이를 데려오지 않았느냐"며 한마디를 더했다. "그 여자아이는 몸에 불을 지니고 있다. 그러니 아이와 함께 쇠를 녹여서 종을 만들면 우렁찬 종소리가 날 것이다."라고 말했다.

스님을 보내서 그 아이를 빨리 데려오라고 했다. 아낙네는 안 된다고 했지만 스님은 "부인의 따님만이 봉덕사의 종을 울릴 힘을 지니고 있습니다.

부인 놀라지 마십시오. 끓는 쇳물 속에 따님을 집어넣고 녹여야만 종소리가……"

아낙은 결국은 아이를 바쳤다. 쇳물 속에 아기를 넣어 종을 만들었다. 새로 만들어진 종을 쳐보니 종소리는 울리다가 그치고, 그쳤다가는 다시 울렸다. 그것은 마치 어린 딸이 어머니를 부르는 것처럼 "에밀레 에밀레" 하고 울었다. 그래서 에밀레종이라고 이름을 붙였다.

역사와 전설은 어디에서 만나고 어디에서 등을 돌리는지 알 수 없다. 진실은 하나겠지만 전설이 있어 성덕대왕신종에 애정이 간다. 역사의 기록에 전하는 성덕대왕신종의 제작 경위는 무엇보다 종 몸체에 새겨져 있는 명문에 명확히 드러나 있다.

경덕왕이 아버지 성덕왕에 대한 추모의 정으로 선왕의 덕을 기리기 위하여 구리 12만 근을 내어 대종을 주조하려 하였으나 그 뜻을 이루지 못하고 돌아가시매, 그 아들 혜공왕 7년(771)에 비로소 완성하여 봉덕사에 안치하였다.

성덕대왕신종은 오랜 기간에 걸쳐 만들어졌다. 성덕대왕신종을 만들기 15년 전에는 황룡사에 성덕대왕신종 무게의 4배인 50만근이나 되는 황룡사종도 만들었다. 또한 3배가 넘는 분황사 약사여래상도 주조했다. 봉덕대왕신종은 어찌하여 실패를 거듭하고 주조 기간이 오래 걸렸을까 하는 의문이다.

주조물을 만들 때 형틀을 뜨는 방법에서 찾아 볼 수 있지 않을까 한다. 이 종의 제작 날짜가 음력으로 771년 12월 14일로 명확하다. 밀랍형으로 제조하려면 우선 밀랍이 있어야 한다. 이 신종의 부피가 3세제곱미터이고, 벌통 하나에서 채취할 수 있는 밀랍은 고작해야 1내지 2리터이다. 최소한 토종 벌통이 1500개에서 2000개가 있어야 한다. 밀랍을 채취할 수 있는 음력 9월에 만들기 시작해서 10월에는 밀초로 모형을 만들고 약 2개월에 걸쳐 주조했을 것이다.

성덕대왕신종은 단 한 번의 주조로 완성되지는 않았다. 종 안쪽을 보면 안쪽에는 쇳물을 덧붙인 자국들이 있다. 울림을 맑게 하기 위하여 여러 번 수정 작업을 했다는 증거이다. 여러 번의 실패로 기대하던 771년 12월 14일에 종을 걸고 치니 긴 여운을 끌며 특별한 음색을 내며 울렸다. 길게 끄는 여운은 어떻게 들어보면 '에밀레'라고 들린다. 나라에서는 신종神鍾이라는 이름을 붙이게 되었다. 종신에 장문의 명문이 양각되어 있으며, 종명은 630자로 된 서문과 200자로 된 명으로 짜여 있다. 이 종의 명문 일부에는 이렇게 적혀 있다.

신종이 만들어지니 그 모습은 산처럼 우뚝하고, 그 소리는 용의 읊조림 같아 위로는 지상의 끝까지 다하고, 밑으로는 땅속까지 스며들어 보는 자는 신기함을 느낄 것이요, 소리를 듣는 자는 복을 받으리라.

쎄계 어느 나라에도 없는
우리나라 종에서만 볼 수 있는 맥놀이 현상

성덕대왕신종은 처음 봉덕사에 달아 봉덕사종이라고도 한다. 봉덕사가 폐사된 뒤 영묘사로 옮겼다가 다시 봉황대 옆에 종각을 지어 보존하고 있었다. 1915년 종각과 함께 동부동 구박물관으로 옮겼으며, 박물관이 이곳으로 신축 이전하게 되어 1975년 5월 26일에 이 종각으로 옮겨 달았다.

종의 입둘레는 여덟 곳이 모서리를 유선형으로 내민 형태의 팔능형八稜形이고 종머리에는 용머리와 음관이 있다. 종 몸체 상하에는 견대와 구대가 있고 견대 밑 네 곳에 유곽이 있고 유곽 안에 9개의 유두가 있다. 몸체의 좌우에는 성덕대왕신종의 내력을 돋을새김한 글이 있다. 앞뒤에는 종을 직접 두드리는 자리인 두 개의 당좌가 있고, 유곽 밑 네 곳에는 천상의 그림이라고밖에 할 수 없는 신비롭고 아름다운 여인이 새겨져 있다. 구름을 타고 연화좌에 앉아 향로를 받는 공양천인상이 하늘 옷자락을 휘날리는 모습으로 있다.

산과 같이 크고 우람하나 조화와 균형이 알맞고 종소리 또한 맑고 거룩하여 긴 여운은 은은하게 영원으로 이어진다. 높이 3.75미터, 입지름 2.27미터, 두께 11~25센티미터이고, 무게는 1997년 국립경주박물관에서 측정한 결과 18.9톤이다.

신새벽에 들리는 범종 소리는 잠자던 마음에 청명함을 일깨운다. 노을 지는 산사의 종소리는 힘들게 살아가는 마음의 짐을 내려놓게 한다. 한국 범종의 깊은 맛에 이끌린 기계공학자들이 우리나라 최고의 범종인 '성덕대왕신종' 소리의 비밀을 한 꺼풀 벗겼다. 당차고 장중한 소리, 거친 호흡을 몰아서 하듯 끊길 듯한 울음 … 바튼 숨소리가 연상되는 울림의 매듭이 신비를 불러온다.

김석현 강원대 교수와 서울대 이장무 · 미국 퍼시픽대 이치욱 교수는 지난 3년 동안 에밀레종의 신비한 '맥놀이' 소리와 그 소리를 만드는 범종 몸체의 다양한 떨림 모양을 분석해 만든 맥놀이 지도를 발표했다. 맥놀이란 유리잔이나 종 같이 속 빈 둥근 몸체를 두드릴 때 나타나는데, 소리가 맥박처럼 약해졌다가 세지기를 거듭하며 우는 소리 현상이다.

에밀레종을 보관 중인 국립경주박물관이 2001년에서 2003년에 실시한 타종식에서 얻은 음향·진동 데이터를 대상으로 음파 신호 분석과 컴퓨터 모의실험 등을 하였다. 분석 결과 에밀레종을 타종하고 한참 뒤까지 "…어~엉…어~엉…" 하는 독특한 소리의 여운이 이어지는 것은 에밀레종 소리가 수많은 낱소리 성분들로 이루어졌으며 낱소리의 어우러짐과 소멸이 시간에 따라 달라지기 때문으로 밝혀졌다.

에밀레종 소리를 이루는 낱소리 음파는 1000헤르츠 이내에서만 무려 50여 가지에 이르는 것으로 나타났다. 1헤르츠는 1초에 1000번 떨림을 말한다. 20여 년 종소리를 연구한 김석현 교수는 영국 세인트폴 성당의 종을 분석했더니 음파 수는 20개에 못 미치는 정도라고 했다. 소리는 타종 순간, 한꺼번에 생겨나 허공으로 퍼진다. 첫소리는 범종을 치는 나무인 당목을 크게 휘둘러 생기는 운동에너지를 범종으로 옮겨 범종 몸체에 수많은 떨림을 만들어낸다. 김석현 교수의 말을 들어보면 그 신비성이 드러나면서 다시 숨어버리는 것을 확인할 수 있다.

소리는 떨림 없이 생기지 않기 때문에 50여 가지 주파수 성분이 있다는 것은 타종 직후의 범종 몸체에 50여 가지의 떨림이 일어난다는 뜻이다. 낱소리들은 서로 흡수하거나 합병하지 않는다. 오로지 각 떨림은 제 몫의 운동에너지를 마찰에너지로 다 소모한 뒤에 사그라질 뿐이다. 빠르게 떨리는 고주파는 그만큼 빨리 사라진다. 타종 뒤 몇 초 안에 거의 대부분 낱소리들이 소멸한다. 그러고 나서 센 소리에 가려져 있던 에밀레종만의 신비한 소리가 마침내 나타난다. 9초 이후 에밀레종 소리의 세계는 숨소리 같은 64헤르츠와 어린아이 곡소리 같은 168헤르츠의 음파만이 지배한다.

168헤르츠의 음파는 타종하고 9초 뒤 "…어~엉…" 하고 울고는 사라지듯 하다가, 다시 한 번 9초 뒤에 약하게 울음을 토해낸다. 이 때문에 문학작품에서 에밀레종 소리는 죽었다가 다시 살아나 '곡을 하는 듯한' '어린아이의 울음소리'로 표현된다.

이처럼 설명되나 결국 다시 그 기막힌 소리는 숨어버리는 묘한 이치를 김석현 교수의 증명에서 보여준다. 대표음은 아무래도 168헤르츠의 소리, 1초에 168번의 떨림으로 일어나는 소리이다. 낭랑한 목소리의 음파가 바로 이 정도라 하니, 에밀레의 대표음은 애초부터 사람 귀에 썩 어울린다.

168헤르츠를 더 자세히 들여다보면 168.52헤르츠, 168.63헤르츠의 두 가닥 음파가 한 쌍을 이룬 것으로 나타난다. 0.11헤르츠 차이는 곧, 1초에 0.11번 떨리는 현상 때문에 맥놀이 주기는 9초가 된다. 최후까지 남는 에밀레종 소리는 64헤르츠의 음파로 조사되었다. 3초마다 한 번씩 등장하는 맥놀이를 하는데 매우 낮은 음이어서 "허억…허억… 하며 마치 숨을 몰아쉬는 듯한 소리"로 들린다.

범종의 미세한 비대칭이 맥놀이의 원인이다. 겉보기에 범종은 엄격한 대칭이지만, 범종 표면의 문양·조각이 비대칭을 이루고 몸체 곳곳의 물질밀도나 두께도 모두 미세하게 다르며 심지어 쇳물을 부어 범종을 주조하는 순간에 우연히 섞이는 공기량도 약간씩 달라 범종은 비대칭을 피할 수 없다. 미세한 비대칭성이 범종 몸체에 여러 떨림들을 만든다. 그것들이 음파를 내면서 어우러져 우리 귀에 은은한 종소리로 들리는 것이다.

경주 박물관에 있는 봉덕대왕신종은 지금도 아무 이상이 없다. 하지만 타종을 할 수 없도록 조치되었다. 금이 가거나 깨질 기미가 전혀 보이지 않는다. 영원히 보존하기 위한 조치였다는 것이 문화재 관리자들의 생각이겠지만, 불국사에 계신 한 스님의 말이 하나의 깨우침을 준다.

종은 쳐야 녹슬지 않는 법이다. 만물이 자기 기능을 잃으면 생명이 끊어지듯이.

게다가 지금은 종 앞에 달려 있는 나무봉마저 거두어버렸으니 에밀레종은 그야말로 박물관 유물로 된 셈이다. 전설이 소리 속에 아직도 살아 있는 에밀레종은 소리뿐만이 아니라 비천상의 아름다운 돋을새김, 화려하기 그지없는 보상당초무늬에 눈길이 닿는 순간 다시 한 번 천년의 세월이 순간 감동이 된다. 종에 대해 좀 더 자세한 것을 보고 싶으면 충북 진천에 있는 종 박물관을 권하고 싶다. 아쉽지만 그곳에 가면 에밀레 종소리를 녹음이나마 들을 수 있다.

청자상감운학문매병
青磁象嵌雲鶴文梅瓶

고려청자의 우수성

고려청자의 우수성은 우선은 색이고 다음이 상감의 유려함에 있으며 마지막으로 한국인의 선을 만들어낸 것이다.

골동계의 원로인 송원 이영섭은 『내가 걸어온 고미술계 30년』에서 이렇게 적고 있다.

고려청자의 대표작이자 세계적 명작으로 꼽히는 청자상감운학문매병은 개성 근처에서 도굴된 이후 일본인 손에 넘어갔다가 대구의 신창재라는 사람이 사들였다. 이때 값이 4000원. 그 후 다시 일본인 골동상 마에다가 갖게 됐다. 이 소식을 들은 간송은 마에다의 요구에 두말 않고 2만원이라는 거금을 주고 사들인다. 일본인 수집가들은 놀라기도 했지만 자존심이 상했다. 조선총독부 박물관도 접촉했으나 엄청난 값 때문에 욕심을 접을 수밖에 없었던 물건이었다. 이를 안 일본 굴지의 수집가 무라카미가 간송을 찾아와 4만원을 불렀다. 간송이 산 값의 두 배를 지불하겠다는 파격적인 제의였다. 이 제의에 대한 간송의 대꾸가 속이 후련하게 만드는 것은 같은 민족의 피를 나눈 사람이기 때문일까.

이 청자보다 더 좋은 물건을 나에게 가져오면 이 매병을 원금에 드리지요.

이보다 더 나은 물건을 가져올 수가 있다면 당신이 부른 금액의 반값에 주겠다는 제의였지만 이 말은 결국 이만한 명품을 어찌 팔 수가 있느냐는 말과 같다. 무라카미는 더 이상 말을 붙일 수가 없었다. 우리의 문화재가 수난을 당하지 않은 것이 별로 없지만 청자상감운학문매병도 마찬가지였다. 간송 전형필이 없었다면 우리의 손을 떠나 어느 곳에 있을 지 모를 일이다.

다시 설명하지만 1930년 개성 인근서 도굴꾼에 의해 발굴되어 일본인 손에 넘어가려하자 고미술 수집가인 신창재가 당시 서울 기와집 두 채 값인 4천원에 구입하여 자신이 소장한 많은 미술품들과 함께 대학에 기증하였다. 우여곡절 끝에 이 매병이 일본인에게 넘어가려하자 간송 전형필이 2만원에 구입하였던 것이다. 2만원은 당시 서울 기와집 10채 값으로 고액이었다. 그것을 다시 20채 값으로 쳐주겠다는 일본인의 제의를 무시한 것을 보면 문화재에 대한 그의 사랑이 얼마나 컸는가를 알 수 있다.

서울의 기와집 20채 값은 지금 서울 집값으로 치면 500억 정도 되는 것이라고 하니 대단한 금액임에 틀림없다.

그렇게 해외 유출 위기를 넘긴 청자상감운학문매병은 1962년 12월 국보로 지정되고 현재 간송미술관에 소장되어 있다. 간송은 귀중한 문화재에 값을 매길 수 없다 하여 사들이면서 단 한번 흥정한 적이 없다고 한다.

청자의 비밀은 흙 속에 들어 있는 미량의 철분이 불의 작용에 어떻게 변화하느냐에 달려있다. 이 기술은 당시로서는 지금의 반도체 기술에 비유될 정도로 고도의 기술이었다. 중동과 유럽의 도자기들이 2류로 밀리게 된 것에는 이 기술을 익히고 못 익히고의 차이였다.

고려청자는 12세기가 되어서야 비로소 제대로 만들어졌다. 그만큼 고려청자는 고도의 기술과 예술혼이 만나 역사 속에 남는 위대한 작품으로 전하고 있는 것이다.

고려청자하면 고려 시대부터 조선 시대를 거쳐 사람의 손에 의해 전해진, 다시 말해 대를 이어가며 물려받은 것으로 생각하지만 그런 청자는 없다. 그만큼 우리의 역사는 파란과 곡절이 많은 역사였다. 전쟁으로 부서지고 파괴되고 역사의 혼란기에 그들은 깨어지고 사라져갔으며 죽은 자의 육신과 함께 흙 속에 묻히는 비운을 가졌다. 그나마 다행인 것은 흙 속에 묻힌 것들만이 지금 우리에게 전하여지고 있음이다.

그러한 연유로 우리가 대하고 있는 것들은 모두 근·현대에 들어와 무덤이나 바다 속에서 발굴하거나 건져낸 것이다. 우리 조상들은 저승 갈 적에 청자 그릇 하나라도 무덤 속에 넣어주는 풍습이 있었다.

1350년쯤 청자가 사라지고 분청사기와 백자가 사용되었다. 세월 속에 사람들은 잊었다. 이어 조선도 한참의 세월을 건너고 나서는 청자라는 단어조차 잊혀지고 일부 지식인들만 존재를 알았을 뿐이다. 고려자기는 잊혀진 전설이었던 것이다.

그러다가 1905년 을사보호조약이 체결되고 경의선, 서울과 개성 구간을 건설할 당시 고려 무덤에서 청자가 나오면서 다시 세상에 알려지게 되었다.

한 농민이 진상한 청자 그릇을 처음 본 고종 황제가 "세상에 이렇게 파란 그릇이 있느냐? 이게 어느 나라 사람이 만들었느냐? 뭐라고 부르느냐?"고 했다.

    이 일화를 보면서 느끼는 바는 가슴이 찡하다 못해 역사의 단절성에 명치 끝이 답답해진다. 왕조가 다르다고 해도 같은 민족의 연결성이 무너진 것은 마음을 아프게 한다.

    이 땅의 흙을 일구고 같은 산허리를 끌어안고 살아오면서 만들어낸 고려의 청자는 세월 속에 묻혀 버리고 말았다. 사람들이 뇌리 속에서도 잊혀졌다. 간혹 역사에 기록된 흔적으로만 남아서 더 이상 사람들의 기억에는 남아 있지 않았다.

    지금 우리가 미술품으로 얘기하는 고려청자는 흙을 빚고 유약을 발라 섭씨 1300도가 넘는 불에서 구워낸 자기이다. 인간이 만든 밥그릇 중 아직 자기를 능가할만한 좋은 것을 못 만들어냈다. 나무와 금속기, 유리, 알루미늄, 플라스틱 등 여러 가지로 만들어봤지만 아직 세라믹보다 사용하기 좋고 위생적인 게 없다. 잘 깨져 계속 만들어 낼 수 있는 것도 자기의 상품적인 가치이다.

    그런데, 청자의 빛깔을 내는 것이 1000년 전에는 고난도의 기술이었다. 중국 사람들이 약 1500년 동안 연구 노력한 결과로 나온 게 청자다. 중국도 기원후 3, 4세기 월주가마越州窯에서 나온 누런빛 나는 초기 청자에 이어 9세기가 넘어서야 완벽한 청자를 만들어내게 되었다.

    중국 사람들이 청자를 완벽하게 만들어 낸 다음 고려 사람들이 그것을 계속 역추적해 11세기에 이르러 고려청자를 만들어냈다. 기원후 1000년부터 1600년 사이 600년 동안 전 세계에서 자기를 만든 나라는 중국과 한국

밖에 없다. 일본도 못 만들었고 베트남의 경우, 안남安南자기란 것이 있는데, 이는 15세기 청화백자로 질이 떨어진다. 유럽에선 '차이나China'란 단어가 중국이라는 뜻과 함께 자기를 의미하듯 중국에서 수입해 쓰다가 18세기에 처음 자기를 만들었으며 일본도 임진왜란 때 우리 도공을 데리고 가 17세기부터 백자를 만들기 시작했다.

도자기는 운명적으로 청자에서 시작할 수밖에 없었다. 가령 백제 토기 가마에 토기를 집어넣고 장작을 때면 재가 날려 태토 위에 얹히게 되는데, 온도가 1100도로 올라가면 재가 태토 속의 광물질과 화학 반응을 일으켜 허옇게 더께가 끼고, 다시 1200~1300도로 올라가면 잿물과 태토가 결합해 반짝이는 유리질화 현상이 나타난다. 이게 자연유自然釉다. 중국 사람들이 잿물을 가지고 계속 실험해 유리질 현상을 발전시켜 나온 것이 3, 4세기 월주 가마 청자이다. 누런빛이 나지만 황자黃磁라고 부르지 않고 청자라고 부른 것은 운명적으로 청자가 될 수밖에 없었던 화학적 이유가 있기 때문이다.

고려청자가 한민족에게 다시 알려지기 시작한 것은 1146년 세상을 떠난 인종의 무덤인 장릉에서 출토된 '청자 참외모양 꽃병'이 발견되면서였다. 12세기 고려청자는 음각이나 양각 무늬를 넣는 문양 효과가 발전하지 못했다. 반면 복숭아, 참외, 거북이, 오리, 표주박, 죽순, 대마디 무늬 등 조각적으로 발전한 다양한 모양의 청자가 만들어졌다.

12세기 전성기 때 고려청자는 요염한 여인의 탄력 있는 곡선을 연상하게 한다. 풍만하면서도 균형 잡힌 여인의 몸은 날렵하게 어깨선에서 허리 아래까지 숨이 턱에까지 찰 만큼 하나의 선으로 가파르게 이어진다.

고려청자 중 가장 양이 많은 것은 찻잔이다. 이는 기록으로는 남아 있지 않지만 차 문화가 번성했다는 것을 알 수 있다.

고려청자는 『선화봉사 고려도경』이란 책을 남긴 서긍이 비색翡色을 내는 고려청자를 송나라 휘종 황제가 만든 관요인 여요汝窯의 청자와 비슷하다고 평가할 정도로 국제적으로 인정받았던 명품이었다.

중국 월주의 비색秘色과 달리 우리는
비취색 '비翡'자를 쓴 것이 다른 점이다

1123년, 고려 인종 원년에 송나라 휘종 황제가 보낸 사신으로 왔다가 이듬해 돌아간 서긍은 『선화봉사고려도경(宣和奉使高麗圖經)』에서 "도기의 색은 푸른데 고려인은 비색翡色이라 부른다."라고 하며 순청자의 아름다움을 칭찬했다. 또 북송의 학자인 태평노인은 『수중금袖中錦』에서 "청자만은 중국의 많은 명요名窯산 청자를 빼놓고 외국산인 고려의 비색청자를 천하 제일로 꼽았다."라고 기록하였다. 당시에도 고려청자는 명품 중의 명품으로 중국인들조차 인정한 우수한 것이었다. 일반인들은 가질 엄두도 내기 어려운 호사스러운 것이었다.

너무도 귀하고 아름다워 궁중에서만 사용되는 비밀스러운 색깔이란 뜻을 가진 중국 월주의 비색秘色과 달리 우리는 비취색 '비翡'자를 쓴 것이 다른 점이다.

'비翡'는 파랑새목 물총새과에서 가장 작은 종種이며 한국 전역에서 번식하는 여름새를 말한다. 물가에 살면서 물고기를 주식으로 하며 사는 새를 말한다.

등은 진주빛 도는 청색과 선명한 초록색이다. 목은 흰색이고 가슴과 배는 밤색이다. 목 측면에는 밤색과 흰색의 얼룩무늬가 있다. 중국의 비색秘色은 신비할 비자로 쓰여지지만 우리의 고려청자에 쓰이는 '비색翡色'은 물총새의 등의 빛깔인 초록색을 말한다. 우리가 말하는 고려청자는 초록색을 띠는 고려 시대의 자기를 말한다.

고려청자의 특징은 상감법의 도입에 있다. 청자를 버리고 곧 청백자의 길로 간 중국에 비해, 고려인은 청동 그릇에 홈을 파고 은실을 밀어 넣어 무늬를 그린 '청동 은입사'나 나무에 조개껍데기를 박아 넣고 옻칠을 한 '나전칠기' 기법에서 영감을 얻어 상감象嵌청자를 만들게 되었다.

인종 때는 고려청자가 장족의 발전을 하였으며, 이 12세기 전반기가 순청자의 전성시대였다. 이런 청자를 만든 곳은 전남 강진요康津窯와 부안요扶安窯였다. 신안新安 앞바다에서 원나라 청자를 실은 배가 발견되었던 것으로 보아, 당시에도 황해의 건너편에 있던 중국요와의 내왕이 있었으리라고 추측된다. 발달된 송나라 청자의 직접적인 영향을 거기에서 받아, 고려의 독자적인 청자를 만들어내는 자극제로 삼았을 것이다. 이때 만들어진 순청자들은 태토가 고르고 얇으며, 만듦새가 단정할 뿐만 아니라 유약이 티 없이 아름답다. 비취와 같은 옥색을 나타내고 있는 이들 청자유의 광택은 고요하며, 식은테[釉裂:氷裂]가 나타나지 않는 그 시대 청자유의 특징을 잘 나타내고 있다. 요란한 장식 무늬가 없는 소문의 것이 많기 때문에 그 아름다움은 전적으로 유약의 아름다움에 집약시키듯, 어느 때의 유약보다 아름답고 안정되어 있다.

고려청자의 상감 기법의 개발은 12세기 중엽에 이루어졌을 것으로 추정된다. 1123년의 고려청자를 이야기한 『고려도경』에 상감 기법에 대한 언급은 없다. 1146년에 죽은 인종의 장릉長陵에서 순청자 그릇은 나왔어도, 청자상감은 한 점도 나오지 않았다. 그러나 연대가 분명하게 밝혀진 상감 기법으로 만든 청자는 1159년에 죽은 문유文裕의 무덤에서 나왔다.

여기에서 나온 청자 대접에는 유려한 보상당초寶相唐草 무늬로 된 흑백 상감이 원숙하게 다루어졌다. 따라서 이때 이미 상감 기법이 상당히 발달한 셈인데, 인종이 죽은 뒤 13년 만에 이렇게 발전하였다고 보기는 어렵고, 아마 인종 때도 벌써 상감 기법을 쓰기 시작하였을 것으로 보인다. 다만 인종 때 훌륭한 청자상감이 많이 나오지 못하여 장릉에 부장품으로 사용되지 않았을 것이다.

상감 기법이란 이미 금속기에 널리 쓰이던 금은의 입사수법과 같지만 청자나 백자의 자기에는 처음으로 사용한 수법이다. 즉 기물의 표면을 칼로 긁거나 각인으로 눌러 오목하게 한 다음 그 속에 색깔이 다른 점토를 메워 문양을 만든다.

상감 기법의 방법은 나타내고자 하는 무늬를 기면에 조각도로 음각한 후에, 백토나 자토를 붓으로 찍어 바른 후 기면과 같게 얇게 깎아 내고 초벌구이를 하면 백토는 하얀색으로, 자토는 검은색으로 발색되며 이 위에 유약을 바른다. 이러한 상감 수법은 고려 중기 이후로 청자와 백자에 널리 쓰여져 상감이 갖는 고유한 미의 세계를 무늬로 표현해 주고 있다.

태토로 성형한 기물의 표면을 장식하는 방법으로는 무늬를 새겨 넣은 후 초벌구이를 하는 것과 나타내고자 하는 무늬를 초벌구이를 한 후 기면 위에 안료를 붓으로 찍어서 그리는 예가 있다.

상감 재료에 따라 백토를 감입하면 백상감이 되고 자토를 감입하면 흑상감이 된다. 백토와 자토를 함께 감입하여 구운 흑백상감이 있다. 이것이 바로 청자상감운학문매병이다.

　　상감한 무늬가 선으로 된 선상감과 굵은 면으로 된 면상감이 있으며, 문양을 그대로 두고 문양의 배경을 상감하는 역상감의 기법으로 구분할 수 있다. 백상감에 사용하는 흙을 흔히 백토라 하는데 전에는 자연토를 그대로 사용하였으나 근래에는 적절히 조합하여 사용하고 있다. 흑상감은 산화철을 그대로 사용한다. 흑상감이 백상감에 비해 훨씬 수월하다. 왜냐하면 흑상감은 음각을 얕게 하여 한 번의 감입으로 뚜렷한 문양이 나타나기 때문이다.

　　상감청자의 태토는 일반적으로 순청자와 같은 태토를 사용하는데, 기본적으로 가소성이 우수하여야 하며, 섭씨 1300도의 고온 가마에서 지속될 수 있도록 내구성이 높아야 한다. 그리고 유약, 발색의 뒷받침이 되는 철 성분이 들어 있어야 한다.

　　이와 같은 청자의 태토는 일반적인 점성도토만으로는 불가능한 것으로써 자토와 보조 원료 등을 혼합하고 발색을 돕는 촉매로서 철을 포함한 물질을 함유하는 것이라야 한다.

상감 기법은 다른 나라의 도자기 제품에는 유례가 없는 기법

　　상감의 감입 순서는 흑백상감일 경우 주 문양은 백상감하고, 주 문양을 돋우기 위해 백상감한 위에 다시 음각한 다음 자토를 발라 건조시킨 후 깎아 버리고 흑상감 무늬를 표현한다. 운학문의 경우 학의 몸을 먼저 백상감으로 하고 다리와 입은 흑상감으로 하여 전체를 표현한다. 이 상감 문양을 잘 보이게 하기 위해 유약의 투명도가 더 높아지고, 유약은 차차 얇게 입혀지게 된다.

상감 기법은 고려청자의 진가를 세계에 알린, 다른 나라의 도자기 제품에는 유례가 없는 기법으로 고려청자에 응용되었다.

상감청자의 문양으로는 구름과 학·버드나무·국화·당초·석류 등 여러 가지가 쓰였으며, 특히 운학무늬와 국화무늬가 가장 많이 쓰였고, 국화무늬는 조선 시대에도 애용되었다.

상감청자의 특징은 충분한 공간을 남겨두는 데 있으며, 상감 문양을 전면적으로 쓴 경우에도 배경으로서의 공간은 여유 있게 남기고 있다. 또한 문양이 단일 문양의 기계적인 반복이 아니라, 버드나무 꽃 등이 중심이 되는 문양을 앞 그림으로 크게 내세우고, 물 흐름·새·바위·인물 등을 배치하여 하나의 화폭과 같은 화면의 효과를 내고 있으며, 운학무늬의 경우에도 문양으로서가 아니라 하나의 화면으로 만들려는 의도가 보인다.

또한 모란꽃이나 보상화의 경우에도 넓은 화판花瓣을 백토상감白土象嵌하고 배경을 흑토상감해서 흑백의 윤곽을 인상적으로 나타낸 것도 있다. 대표적인 상감청자로는 이화여자대학교에 소장된 죽문병竹文瓶, 국립중앙박물관에 소장된 모란문매병牧丹文梅瓶, 간송미술관에 소장된 천학문매병千鶴文梅瓶 등이 있다.

상감청자와 분청사기는 중국에는 없는 우리가 이룩한 위대한 발명이다.

늦어도 13세기 초 상감청자의 시대로 들어선 뒤에는 고려청자의 90%가 상감청자로 만들어졌고 상감청자의 최고 명품으로 손꼽히는 것은 '청자상감운학무늬매병'이다. 청자 매병梅瓶을 푸른 하늘로 생각하고 거기에 새털구름과 학으로 가득 찬 모습을 문양으로 담은 것이다. '매병梅瓶'은 고려적인 형태를 지닌 것으로 해석하기도 한다. 매병이란 원래 추운 겨울에 핀 매화꽃 가지 하나를 꼽는 병이기 때문에 주둥이 부분이 좁은 것이 특징으로서 중국이나 우리나라에서 공통적으로 발견되는 형태이다.

고려 매병을 유심히 살펴보면 어깨부터 허리를 따라 각이 진 듯 딱 벌어진 어깨가 날씬하고 유연한 S자형을 그리며 허리 부분으로 흘러내리고 있다. 이러한 모양을 관능적인 여인으로 보는 것이 일반적이지만 논자에 따라서는 '당당한 역삼각형'은 어깨 딱 벌어진 남성상의 대표적인 젊은 군인의 모습을 연상시킨다고 한다. 이에 대한 근거로 당시가 무신들의 집권을 받는 고려 후기라는 시대적 상황임을 감안하기도 한다.

이러한 독특하고 전례 없는 초록빛이 감도는 청자의 비밀을 알려면 청자가 발생하게 되는 원리를 이해해야만 한다.

산화제2철의 황변黃變 현상과 산화제1철의 녹변綠變 현상을 이해하면 청자의 비밀을 조금은 훔쳐볼 수 있다. 원소 기호로 Fe인 철분이 산소와 같이 결합해 Fe_2O_3의 단계에 있는 것을 산화제2철이라고 하는데 이 단계에서 구워지면 누런빛의 황자가 만들어진다.

이 단계에서 가마의 불구멍을 막고 불을 계속 지피면 흙 속의 산소를 빼앗겨 Fe_2O_3가 산화제1철 FeO로 환원되는데 바로 이때 초록빛으로 변하는 녹변 현상이 나타난다. 1350도를 24시간 유지시켜 줘야 녹변 현상을 일으킬 수 있으니 굉장히 어려운 기술이다. 지금의 반도체 기술만큼이나 최첨단의 기술이었다.

중국 북방에선 올리브빛이 나는 등 청자의 색깔이 다양해 보이지만, 우리 청자의 기본적인 색깔은 파란빛의 청색이 아닌 초록빛 나는 청색이다.

한편 현대 서양에서의 평가에 관해서는 동양 도자기 전문가인 영국의 윌리엄 하니William B Honey의 말을 뽑아 본다.

최고의 고려 도자기는 독창적일뿐만 아니라 세상에서 지금까지 만든 것 가운데서 가장 우아하며 꾸밈새 없는 도자기이다. 그것은 도자기가 갖는 모든 미덕을 갖추고 있다. 사실 이 고려 도자기는 중국인조차 거의 도달하지 못했던 높은 경지에 이르고 있었던 것이다.

한국 미술사를 쓴 맥큔Eveley Mccune은 동양의 도자기란 '유약'과 '형태'와 '장식'의 세 가지에 따라 서로 차별화된다고 적고 있다. 유약이 도자기의 색상을 결정하는 것이라고 보면 결국 빛깔, 모양, 꾸밈새에 따라 도자기가 특성화된다는 뜻이다. 최순우 선생도 고려청자의 삼대 특징으로 '비색의 그윽함'과 '곡선의 미끄러움'과 '상감의 장식 기법'을 들고 있었다.

**고려청자는 아름다움과 함께 모양에 있어서도
약 천년의 미학을 앞당긴 감각적 형태를 이룬다**

'비색秘色'이라는 청자의 중국식 호칭을 고려에서 스스로 '비색翡色'이라고 고쳐 부른 것은 광택이 고요하고 유열이 없는 고려청자의 유색이 비취 옥 색의 아름다움으로 중국 것과는 다른 고려적 특징을 지녔다는 자부심의 발로라고 최순우는 풀이하고 있다.

에메랄드 보석의 빛깔과도 같다는 고려청자의 유약도 물론 하루아침에 개발된 것은 아니다. 정량모 국립중앙박물관장이 지난 1974년 경북 월성군 화산에서 발견한 회유계 시유를 한 신라의 도기요지 등은 우리나라의 토착적 회유 기술의 오랜 전통을 입증해 주고 있다.

외국인들은 고려청자의 유약이 갖는 아름다움과 함께 그 모양에 있어서도 약 천년의 미학을 앞당긴 감각적 형태를 가지고 있다고 극찬했다.

고려자기의 비색은 흉내 낼 수가 없다고 중국 시인이 개탄했다는 사실을 맥큔은 알려주고 있지만 그래도 송의 청자와 고려청자는 빛깔과 형태에 있어서는 비슷한 점이 전혀 없다고만 할 수는 없다. 그 대신 고려청자를 완전히 독자적인 것으로 만들어주고 있는 것은 그것을 평가하는 최후의 장식, 바로 '상감 기법'이다.

번잡스러운 듯싶으면서도 단순하고, 단순한 듯싶으면서도 고요한 아름다움과 호사스러움이 만나 은은하게 가슴을 두드려 주기 때문이다. 높고 푸르고 또 맑은 하늘, 이것은 고려의 하늘이었고 이 하늘을 우러러 부러울 것이 없는 고려 사람들이었다. 고려 사람들은 이 하늘을 우러러 무수한 기도와 소망을 가다듬어 왔고, 고려 사람들의 눈동자에는 이 맑고 조촐한 하늘색이 물들어 있었을 것이다.

그러나 아름답기만 한 이 푸른 고려의 하늘, 또한 삶을 이끌어가면서 만나는 고단함으로 바라본 하늘에 무엇이 있었으면 좋았을까를 고려 사람들은 생각했다. 너울너울 푸른 하늘을 떠도는 잘생긴 흰 구름과 그 흰 구름 사이로 날아가는 학을 떠올렸을 것이다. 무리져 고려의 높푸른 하늘을 비상하는 학들의 고고한 자태와 너울거리는 흰 구름을 생각해 본다.

    동그라미 안의 모든 학은 하늘을 치솟아 날고, 동그라미 밖의 학들은 흰 구름 사이에서 모두들 아래로 내려 날고 있다. 이들의 날아오름과 날아내림을 바라보고 있으면 곱디고운 고려 사람들의 하늘에 대한 꿈을 보는 느낌이 든다.

백제금동대향로
百濟金銅大香爐

**백제 문화의 우수성을 일깨운
백제금동대향로의 발견**

1993년 12월 12일 충남 부여 능산리 고분군 전시관 앞 발굴 현장, 초겨울의 짧은 해가 저물어갈 즈음 이곳 웅덩이에서 국립부여박물관 발굴 팀은 백제 향로를 발견했다. 초국보급이었다. 세계에서 가장 크고 화려하며 한 시대의 역사성이 고스란히 담겨 있는 향로였다. 백제의 빛나는 문화가 전면에 떠오르는 순간이었다.

충남 부여 능산리 절터의 물구덩이에서는 눈을 의심할만한 물건이 모습을 드러낸 것이다. 백제의 문화를 격상시킬만한 것이었고, 우리 국보의 위상을 한 등급 올릴만한 그야말로 엄청난 유물이었다.

이 유물이 모습을 드러냈을 때 세상이 놀랐다. 1300여 년의 세월을 땅속에서 긴 잠에 빠졌다가 램프에서 요정이 연기처럼 솟아오르듯 모습을 드러낸 이 향로는 그 해 겨울 내내 학계를 뜨겁게 달구었다. 높이 62.5센티미터의 세계 최대, 전대미문의 화려한 도상과 문양은 백제 문화의 우수성과 신비를 다시 일깨우며 한국인의 가슴을 달구어 주었다.

서너 발 물러서서 보면 봉홧불이 역동적으로 타오르는 듯하고 몇 발 다가서면 백제인들의 생활이 저마다의 풍습을 담아내며 자태를 드러낸다. 향로의 자체적인 아름다움만큼이나 향로에 새겨진 조각들이 이 향로가 만들어지던 시대에 백제인들이 이렇게 살았노라고 증언하고 있다. 패망과 더불어 사라진 백제의 역사를 한 꺼풀 벗겨내는 큰 일을 향로 혼자서 감당하고 있다. 세계 어느 곳에도 이보다 더 정교하고 섬세한 향로는 없을 것이다.

향로의 원산지인 중국에서도 이렇게 큰 향로는 유례가 없다. 향로는 산과 나무를 비롯한 백제인의 시대상을 담고 있는 보물 창고이자, '역사의 요술 램프'이다. 사상과 풍습 그리고 가축에다 인물들의 복식과 행동에서 그 시대의 생활 모습을 이끌어낼 수 있는 실로 가치 있는 유물이다.

그저 멀리서 지켜만 봐도 이 향로는 감탄과 흥분을 불러일으킨다. 받침에선 다리 하나를 치켜들고 있는 용이 갓 피어나는 연꽃 봉우리를 입으로 받치면서 우아한 곡선을 만들어내고, 그 위 신산神山 꼭대기에는 봉황 한 마리가 날개를 활짝 펴고 서 있다.

향로의 연기는 봉황의 가슴과 뚜껑에 뚫린 12개의 구멍으로 피어오르듯 고안했다. 연꽃에 담긴 불교 사상과 삼라만상을 음양의 조화로 구현한 도교 사상을 함께 표현한 이 명작품은, 아마도 백제 멸망 당시 누군가 급하게 땅속에 파묻은 것으로 추정된다.

향로가 발견된 지 2년 후인 1995년에 절터 목탑지 밑에서 나온 석조사리감에 위덕왕(재위 554~598)이 정해년으로 서기 567년에 아버지인 성왕의 공덕을 기리기 위해 자신의 누이동생이 사리를 공양한다는 내용이 적혀 있고 향로가 공방지 수조에 급히 은닉된 것으로 보아 이곳에 있던 절이 660

년 백제가 나당연합군에 멸망하면서 운명을 같이 했을 것으로 추정하고 있다. 절의 이름은 '보희사명寶憙寺銘'이었으며, 목간의 출토로 밝혀졌다.

장인성 충남대 교수는 이 향로가 백제인에게 어떤 상징적 의미가 있는지를 추적하면서 그 안에 담긴 종교적, 정치적 의미를 밝히고 있다. 그는 향로의 도상이 백제의 건국 설화를 담거나, 불교의 연화장 세계와 도교의 신선 사상을 반영한 것이라는 그 동안의 해석을 검토한 후 유교, 불교, 도교가 함께 했던 시대의 영향을 받은 것이며 정치적 권위와 종교적 신성성을 지니고 있다고 분석했다.

백제대향로는 많은 비밀을 감추고 있다. 우리 백제인은 이렇게 살았노라고 모습을 다 보여주고 있음에도 우리는 그 비밀을 캐내지 못하고 있다. 악사들이 들고 있는 악기에 대한 연구뿐 아니라 음악까지 연구할 수 있고, 등장하는 백제인들이 입고 있는 옷에 대한 새로운 인식, 그리고 동물들에 의한 가축과 사상, 그리고 살짝 속살을 보여주는 사상 등 장막에 가려졌던 백제 문화의 성격을 밝혀 줄 수 있을 것이다.

아직까지 향로의 제작 시기는 물론 그 안에 담긴 사상적 배경 등을 둘러싸고 정리되지 않은 부분이 많다.

이 감동적인 유물의 발견 현장을 빠른 그림으로 그려 상황을 재현해 본다. 향로는 그냥 역사 속에 묻힐 뻔했다. 극적 상황이 없었다면 그냥 땅속에서 수천 년을 묻혀 있어야 했다.

원래 이 이름없는 절터의 발굴은 1992년 12월 윤무병 충남대 박물관장이 시굴 조사에서 유구·유물들을 발견함으로써 시작되었다. 이 절터는 사적 14호인 능산리 고분군과 사적 58호인 부여나성夫餘羅城 사이의 작은 계곡에 위치하고 있다.

절터는 원래 계단식 논이었는데, 능산리 고분군과 함께 백제 고분 모형이 전시되어 있어 이곳을 찾는 관광객이 증가 추세에 있었다. 부여군은 이 절터 부근에 주차장을 마련하려 했고, 유구·유물 확인을 위해 사전 시굴 조사를 진행했던 것이다.

원래 1992년 시굴 조사에서는 건물터와 재를 비롯한 불 탄 흔적, 그리고 금속 유물편들이 확인되었다. 건물터가 금속 제품을 만드는 공방 정도의 건물로 판단됐지, 사찰터일 것이라고는 상상도 하지 못했다. 발굴단의 고민은 컸다. 당장 주차장 공사를 중단시킬 결정적인 유구·유물은 나오지 않았다. 고고학적인 증거가 발견되는데 고고학도의 양심상 그냥 공사를 강행하도록 놔둘 수는 없었다. 당시 부여박물관장인 신광섭은 그때를 이렇게 회고했다.

시굴 조사 결과 결정적인 중요한 유구가 없기에 그냥 공사를 강행했다면 그만이었죠. 그런데 저를 포함해서 뭔가 예감이 이상했던 윤무병 선생 등 전문가들이 "딱 한 번만 파보자."고 건의했어요.

그때 만약 "무슨 소리냐"며 중장비로 싹 쓸어 주차장을 조성했다면 이 유물은 우리 시대에는 만날 수 없는 운명이었을 것이다. 우여곡절 끝에 발굴이 시작됐지만 현장은 최악이었다. 발굴 지역이 계곡부인 데다 항상 습기와 흘러내리는 물 때문에 이런 곳에 백제 시대의 중요한 시설이나 유물이 묻혀 있으리라고는 상상도 하지 못했다. 발굴단은 깊어지는 겨울 추위와 싸웠다. 발굴 구덩이에 물이 고였다. 이를 막기 위해 주변으로 물이 흐르도록 고랑을 마련했다. 그래도 조사 지역은 여전히 물로 질퍽거려 악조

건의 연속이었다.

그러던 12월 12일 오후 4시30분. 발굴을 담당하던 김종만 당시 부여박물관 학예사는 그야말로 발굴사에 길이 남을 엄청난 '월척'을 낚았다.

"물구덩이나 다름없는 현장에서 뭔가 이상한 물체가 드러났어요. 이상한 뚜껑 같은 것이었는데 그게 향로인 줄은 상상도 못했죠. 처음엔 광배편 같은 유물인 줄 알았어요. 꽃삽으로 천천히 노출시켜 나가는데 뭔가 예사롭지 않은 유물이 분명하다는 것만 느꼈죠."

김종만씨는 즉시 김정완 학예실장과 신광섭 관장에 보고했다.

이미 인부들이 보았으니 보안을 지킬 수 없는 상황이었다. 밤사이에 도굴 등의 최악의 상황이 벌어질 수도 있기에 야간 작업을 진행하기로 결정했다. 뭔지도 밝혀지지 않은 유물에 대한 입소문이라도 나면 작업에 지장을 초래할 소지가 다분히 있어 인부들은 일절 참여 못하게 귀가 조치하고 학예연구직들만 모두 모여 오후 5시께 작업에 들어갔다. 겨울이라 어둠이 빨리 찾아오고 있었다. 전등을 밝혀 놓고 발굴 작업을 계속했다.

한없이 쏟아지는 물을 스펀지로 적셔내면서 1미터 20센티미터 가량의 타원형 물구덩이를 손으로 더듬거리며 뻘 같은 흙을 걷어냈다. 추운 날씨에 손이 틀 듯 시리고 아팠지만 그야말로 미친 듯 땅을 팠다.

"아!" 발굴단은 하나같이 입을 다물지 못했다. 그야말로 넋을 빼놓을 정도로 감동의 물결이었다. 비록 뚜껑과 몸통이 분리된 채로 수습됐지만 아마도 평생 볼 수 없을 것 같은 엄청난 유물이었다."

"온전하게 발굴해 들어내 놓고도 사실 감상할 엄두도 못 냈습니다. 뭔가 위대한 문화유산을 내 손으로 발굴해 냈다는 자부심보다도 작업을 마치고 고개를 들어 바라본 겨울 하늘, 총총한 별들. 가슴이 얼마나 벅찬지 정신을 차리지 못했어요. 뒤에 가서야 향로가 출토된 타원형 구덩이는 원래 공방에 필요한 물을 저장하던 구유형 목제 수조가 놓였던 곳이었고, 향로는 기에 넣어서 묻었던 것임을 알게 됐어요. 정신이 어디에 있었는지 알 수 있는 사실이지요."

발굴단은 미지근한 물에 담근 면봉으로 향로에 묻은 이물질을 닦아냈다. 그러면서 하나하나 그 자태를 드러내는 향로의 참얼굴에 그만 넋을 잃고 말았다. 신선이 있는가 하면 코끼리가 있고, 동자상이 있는가 하면 도요새와 호랑이가 있는 등 숱한 진금이수珍禽異獸의 모습이 하나둘씩 보이기 시작했다.

정말 기적이었다. 1,300여 년이나 지났는데도 녹이 슨 흔적도 없었다. 원래 청동 제품도 시간이 지나면 녹이 스는데, 이 향로는 오랜 세월 동안 물속에 잠겨 있어 부식을 피했던 것이다.

백제금동대향로의 특징

향로는 뚜껑과 몸체, 다리로 각각 따로 구리 합금으로 주조되어 하나로 만들어 금으로 도금되었다.

뚜껑은 정상부에 봉황이 턱 밑에 여의주를 끼고 있고, 그 아래로 다섯 악사와 봉황, 인면조신상, 인면수신상 등 상상의 동물과 현실 세계에 실재하는 호랑이, 코끼리, 멧돼지, 사슴 등 모두 39마리의 짐승과 5인의 악사를 비롯한 16명의 인물이 74곳의 봉우리와 그 사이사이에 돋을새김되어 있다.

인물·동물상은 오른쪽에서 왼쪽으로 진행하여 이야기가 순서에 의해 전개되는 구성 원리를 따르고 있다.

이 밖에도 6종류의 식물, 12군데의 바위, 산 중턱을 가르며 난 산길, 산 사이로 흐르는 시냇물, 입체적으로 돌출되어 낙하하는 폭포 등이 보이고 있다.

한편 뚜껑에 뚫린 연기 구멍은 봉황의 가슴 윗부분에 연기가 나올 수 있도록 뚫은 2개의 작은 구멍과 함께 다섯 마리의 새가 앉은 산봉우리 뒤쪽에 5개, 다섯 악사 앞에 솟은 산봉우리 뒤쪽에 5개를 둥글게 돌아가며 배치하였는데, 봉황의 가슴에 뚫린 2개를 제외하고는 솟아오른 뒤편에 가려져 정면에서는 구멍이 보이지 않도록 하였다.

반원형의 대접 모양을 한 몸체는 3단의 연꽃잎으로 구성되어 있는데, 각 연꽃잎은 그 끝이 살짝 반전되었으며 잎의 끝부분을 사선문으로 음각하여 훨씬 생동감 있게 사실적으로 표현하였다.

층을 이룬 연꽃잎은 몸체의 굴곡과 비례를 이루도록 윗단의 폭이 가장 넓고 아래로 가면서 점차 줄어드는데 제일 하단의 연꽃잎에는 2줄의 음각선을 복엽으로 묘사하였다. 윗단과 그 아랫단 연꽃잎 외면과 윗단의 연꽃잎 사이의 여백에는 27마리의 짐승과 2명의 사람이 돋을새김되어 있다.

백제금동대향로의 받침은 한 다리를 생동감 있게 치켜들고 있는 용이 활짝 핀 연꽃봉오리를 입으로 받치고 있는 형상이다. 받침에 표현된 용은 승천하는 듯한 격동적인 자세로 굴곡진 몸체의 뒤와 그곳에서 뻗어 나온 구름 모양의 갈기가 투각 장식되어 있으며, 구름 모양과 다리 사이에 6엽의 연꽃무늬도 나타내었는데, 용의 세 다리와 구름 모양이 원형을 이루게 구성하여 안정감 있는 구도를 나타내고 있다.

용의 정수리에서 솟아 오른 뿔은 두 갈래로 갈라져 목 뒤까지 길게 뻗어 있고 길게 찢어진 입안으로 날카로운 이빨까지 세밀히 묘사되었다. 용의 입안에 물려진 짧은 기둥은 향로 몸체의 하부 받침과 연결시켰다. 이처럼 용의 입과 연결되도록 물고 있는 모티브는 신라의 금관총 출토 초두 등에서도 살펴볼 수 있다.

용이 입에 물고 있는 기둥의 위로는 향로 받침과 몸체를 연결시키기 위한 기둥이 이어져 있고, 이 기둥은 몸체의 둥근 안쪽면에서 약간 솟아올라 그 끝에 별도의 고리를 끼워 고정시켰다.

향로는 크게 뚜껑과 몸체 두 부분으로 구분되어 있었다. 이를 세분하면 뚜껑 장식인 꼭지와 뚜껑, 몸체와 받침 네 부분으로 나누어진다. 뚜껑 꼭지는 봉황 한 마리가 턱 밑에 여의주를 안고 날개를 활짝 펴고 나는 모습이다. 봉황의 목과 가슴에는 향을 피울 때 연기가 나가는 구멍, 즉 배연공排煙孔 3개가 마련되어 있다.

뚜껑의 정상부에는 5명의 악사가 각각 금琴, 완함阮咸, 동고銅鼓, 종적縱笛, 소簫 등 5가지의 악기를 실감나게 연주하고 있다. 또한 뚜껑 전체가 4~5단의 삼신산의 형태이다. 신선들만 살고 있다는 전설의 중국 봉래산을 연상케 한다. 이는 첩첩산중의 심산유곡을 이룬 자연 세계를 표현한 것이다.

그리고 몸체는 연꽃잎 8개씩 3단으로 이루어져 있다. 연꽃잎의 중앙과 연꽃잎 사이에는 24마리의 동물과 2구의 인물상이 묘사되어 있다. 각각의 연판 안으로는 물고기·신조神鳥, 신수神獸 등을 한 마리씩 도드라지게 부조했다.

각 연판은 그 끝단이 살짝 반전돼 있는 게 얼마나 절묘한지 하부 맨 아래 받침대 부분은 마치 용이 우주의 삼라만상을 받들고 하늘을 오르는 모습이다. 특히 승천하는 듯, 몸을 꼿꼿이 세운 격동적인 자세의 용은 백제의 힘찬 기상을 보여주는 백미이다.

백제의 금동향로는 중국의 박산향로의 형식을 따른 것으로 해석한다. 박산博山은 중국 동쪽에 불로장생의 신선과 상서로운 동물들이 살고 있다는 상상의 이상향이다. 박산향로는 바다 가운데 신선이 살고 있다는 박산, 즉 봉래·방장·영주의 삼신산三神山을 상징적으로 표현한 향로를 말한다.

향로는 중국 전국 시대 말에서 한나라 초인 기원전 3세기부터 만들어 사용된 것으로 알려져 있다. 이를 박산향로로 부르게 된 것은 남북조 시대인 6세기쯤부터였다. 그렇다면 이 향로는 언제 만들어졌는가, 그리고 과연 백제가 만든 향로인가 등 갖가지 궁금증을 낳았다.

발굴단은 언론에 공개할 당시 6세기 중·후반으로 추정된다고 밝혔고, 당시 아울러 일본의 모 학자는 5세기 말에서 6세기 초설을 주장했다.

그 후 백제의 불교 예술 전성기와 도교가 융성할 시기가 부여에 천도한 후 안정기를 맞은 7세기 전반기에 만들어졌다는 주장이 제기되기도 했다. 이어 제작 역시 중국산이라는 주장도 나오게 되었다. 다만 발굴 당시의 모습을 볼 때 백제가 패망할 당시 긴급히 묻고 떠났던 것으로 추정하는 것은 일치하고 있다.

1995년 발견된 창왕명석조사리감昌王銘石造舍利龕은 금동대향로의 제작 연대를 추론할 수 있는 실마리를 제공했다. 이 사리감 제작 시기가 위덕왕, 서기 567년임이 밝혀졌던 것이다. 뿐만 아니라 사리감은 목탑의 중심 기둥을 받치는 심초석心礎石에서 발견되었다.

이로써 그때까지 공방으로 추정하던 건물터가 사실은 백제 왕실의 명복을 비는 사찰 터였음을 밝혀낸 것이다.

여기서 한 가지 분명한 것은 이 향로가 백제가 공주에서 부여로 천도한 후의 백제왕들 내지는 최고의 귀족급 무덤들이 있는 능산리고분군과 접해 있다는 점이다. 전문가들 사이에서는 향로를 받치고 있는 용의 힘찬 기상과 용의 발톱이 5개라는 점은 백제 왕국의 위상을 보여주는 것으로 보는 이들도 많다.

일률적으로 적용되는 것은 아니지만 중국 천자를 상징하는 용의 발톱이 5개, 우리나라 임금은 4개, 일본은 3개라는 설이 고건축 전문가들 사이에 그럴듯하게 퍼져 있다.

조심스럽게 추론하자면 이 향로는 어디까지나 중국 박산향로의 형식을 바탕으로 백제인의 뛰어난 예술적 감각과 독창성을 발휘한 작품으로, 오히려 중국의 수준을 뛰어넘은 것임이 분명하다.

연대는 부여로 도읍을 옮기고 정치적 안정을 되찾은 6세기 후반, 즉 위덕왕이 재위한 554년에서 597년 사이 어느 즈음에 만들어 진 것으로 보는 게 합리적이라고 생각된다.

금동대향로를 둘러싼 일화 한 토막이 있다. 이 일화가 말해주는 의미는 이 향로가 얼마나 우리에게 귀중한 보물인가 하는 것이다. 예전 한·일 월드컵 공동 개최를 기념하는 '국보급 유물 교환 전시전'을 열 때 일본 측은 일본에 전시할 우리 측 보물 중 백제금동대향로를 첫손으로 꼽고 이 유물이 오기를 학수고대했다.

해외 전시를 위해선 문화재위원회의 승인을 거쳐야 하는 게 당연한 이치이다. 한·일 양국의 교환 유물 목록을 뚫어지게 쳐다보던 안휘준 서울대 교수의 안색이 어두워졌다. 그는 반출 불가 입장을 고수했다.

"안됩니다. 우리도 해외 전시를 금지시킬 중요한 유물 한두 점은 보유해야 합니다. 백제금동대향로와 임금님의 초상화인 영조어진은 안됩니다."

일본의 경우 이른바 천황의 초상화 등 천황 관련 유물은 해외 전시를 불허한다. 전시 포스터 모델로 '백제금동대향로' 사진을 놓고 대대적인 홍보전을 펼치려던 일본 측은 상당히 아쉬워했다. 그만큼 일본도 백제금동대향로에 눈독을 들이고 있었던 것이다.

발굴 향로가 '백제금동대향로'라는 이름을 얻은 사연도 재미있다. 발굴단은 신선 사상의 영향을 강조하며 '용봉봉래산대향로'로 이름 붙이려 했다.

그러나 불교 미술 전공자들은 향로 몸체에 연꽃 문양이 있으며, 뚜껑에 장식된 74개의 봉우리는 불교의 성산인 수미산으로 보았다. 결국 '수미산향로'로 불러야 한다는 것이었다. 하도 골치 아프니 문화재위원회가 차라리 '대GREAT'자를 붙여 금동대향로로 하자는 결론을 내린 것이다.

하지만 조용중 전주박물관 학예사는 역시 상상의 별천지 삼신산三神山을 표현한 것으로 보고 있다. 향로의 인물상을 보면 낚시하는 자, 멧돼지를 향해 활을 당기는 자 등의 장면은 살생을 금지하는 불교 사상과는 다르다는 것이다.

또 바위 위에서 명상하는 자, 머리감는 도사 등은 신선 사상의 전형을 보여준다. 신선 사상에 빠진 진시황제가 순행巡行때 동남동녀를 데려고 다녔는데 이 향로에서도 코끼리를 탄 신선은 바로 그런 동자이다.

조용중 학예사는 악사들의 머리 모양을 볼 때, 머리를 땋아 뒤쪽으로 틀어 얹어 한 가닥으로 늘어뜨린 백제 처녀들의 헤어스타일이 아닐까하고 추측하고 있다. 다른 의견으로는 무왕(636년)이 연못을 만들고는 연못 속에 방장선산方丈仙山을 모방한 섬을 만들었다는 삼국사기 기록과 연관지어 백제향로는 삼신산 중 바로 방장산을 모방한 것이라고 추정하기도 한다.

우리가 알고 있었던 백제 문화에 대한 인식을 뒤바꾸어놓을 만하다. 백제 문화를 이야기할 때 흔히 소박미와 검소함, 그리고 차분함이 느껴졌는데 백제금동대향로는 이와는 달리 역동적이다. 용의 움직임이 크고 힘이 들어간 자세가 극히 남성적이다. 연꽃받침이나 동식물 그리고 인물상에도 섬세함보다는 강한 기운이 느껴진다. 뚜껑 부분에 새겨진 봉황은 받침대의 용의 역동성와 어울려 향로 전체에 감도는 기운이 아주 힘차면서도 묵직한 긴장감을 준다. 백제 문화의 재발견인 백제금동대향로는 극적이었고 한국 문화를 더욱 빛나게 한 수작이다.

이 책에 나오는 문화유산 현황

문화유산		지정번호	소재지
종 묘		사적 제125호	서울특별시 종로구 훈정동 1-2
석굴암		국보 제24호	경상북도 경주시 진현동 999
불국사		사적 제502호	경상북도 경주시 진현동 15-1 등
창덕궁		사적 제122호	서울특별시 종로구 와룡동 2-71
수원 화성		사적 제3호	경기도 수원시 장안구 연무동 190
고창 고인돌 유적		사적 제391호	전라북도 고창읍 일원
화순 고인돌 유적		사적 제410호	호전라남도 화순군 일원
강화 고인돌 유적		사적 제137호	인천광역시 강화군 일원
경주 역사지구		도시 역사지구	경상북도 경주시 일원
조선 왕릉		사적 제193호 등	서울·경기 일원
한국의 역사마을	하회마을	중요민속자료 제122호	경북 안동시 풍천면 하회리
	양동마을	중요민속자료 제189호	경상북도 경주시 강동면 양동리에 있는 민속마을
해인사 장경판전		국보 제52호	경남 합천군 가야면 치인리 10 해인사
금동미륵보살반가사유상		국보 제83호	국립중앙박물관
황남대총금관		국보 제191호	국립중앙박물관
성덕대왕신종		국보 제29호	국립경주박물관
청자상감운학문매병		국보 제68호	간송미술관
백제금동대향로		국보 제287호	국립부여박물관

부록 사진 출처 : 문화재청(www.cha.go.kr)

한국의 세계문화유산

2011년 6월 15일 인쇄
2011년 6월 20일 발행

지은이 : 신광철
펴낸이 : 이정일

펴낸곳 : 도서출판 **일진사**
www.iljinsa.com

140-896 서울시 용산구 효창원로 64길 6
대표전화 : 704-1616 / 팩스 : 715-3536
등록번호 : 제 3-40호(1979. 4. 2)

값 15,000원

ISBN : 978-89-429-1236-0

* 이 책에 실린 글이나 사진은 문서에 의한 출판사의
  동의 없이 무단 전재·복제를 금합니다.